나 자신의 삶은 물론 다른 사람의 삶을 삶답게 만들기 위해 끊임없이
정성을 다하고 마음을 다하는 것처럼 아름다운 것은 없다.

톨스토이

너를 칭찬하고 따르는 친구도 있을 것이며,

너를 비난하고 비판하는 친구도 있을 것이다.

너를 비난하는 친구와 가까이 지내도록 하고 너를 칭찬하는 친구와 멀리하라.

탈무드

하버드 100년 전통
인간관계 수업

하버드 100년 전통
인간관계 수업

펴낸날 2024년 4월 19일 1판 1쇄
지은이 무천강
옮긴이 정은지
펴낸이 이종일 강유균
편집위원 이라야 남은영
기획·홍보 김아름 김혜림
교정·교열 이교숙 정아영 나지원
경영지원 이안순
디자인 바이텍스트
마케팅 신용천

펴낸곳 리드리드출판(주)
출판등록 1978년 5월 15일(제 13-19호)
주소 경기도 고양시 덕양구 청초로 66 덕은리버워크지산 B동 2007호~2009호
전화 (02)719-1424
팩스 (02)719-1404
이메일 genie3261@naver.com
홈페이지 www.readlead.kr

ISBN 978-89-7277-392-4 (03320)

* 파본은 구입한 서점에서 교환해 드립니다.
* 책값은 뒤표지에 있습니다.

어떻게 하면 성공한 사람의 자질을 갖출 수 있는가

하버드 100년 전통 인간관계 수업

무천강 지음 | 정은지 옮김

78가지 사례로 배우는 행복과 성공을 위한 연금술

하버드 출신의 성공한 부모들이 꼭 알려주는 것들!

리드리드출판

prologue

하버드 출신의 성공한 이들이 꼭 알려주는 것들

“어떻게 해야 성공하는 사람의 자질을 갖출 수 있을까?”

“어떻게 자녀를 성공으로 이끌 수 있을까?”

아마도 우리 삶에서 가장 큰 질문이 아닐까 싶다. 이 질문의 답을 찾고 싶다면 성공한 사람을 만나보자.

프랭클린 루즈벨트, 존 F. 케네디, 조지 W. 부시, 버락 오바마, 빌 게이츠, 마크 저커버그 등은 세계적으로 잘 알려진 성공한 인사들이다. 이들은 세계 최고의 명문대학 하버드를 다닌 공통점도 갖고 있다.

루즈벨트는 자녀들이 부모에게 지나치게 의존하는 것을 막고자 어떤 지원도 제공하지 않았으며, 자기 능력으로 사업을 시작하고 능력껏 돈을 벌도록 놔두었다. 돈에 있어서 그는 언제나 철저했다. 한번은 여행 중이던 아들이 필요하지도 않은 말을 사느라 돌아올 여비를 다 써버리고 전화로 도움을 요청했다, 그러자 루즈벨트는 "말과 함께 수영해서 돌아와!"라고 단호하게 말했다. 그 한마디에 아들은 말을 팔고 기차표를 살 수밖에 없었다. 그 후부터 아들은 돈을 계획적으로 사용하고 관리했다.

하버드 우등생 케네디의 자녀교육 이념도 살펴보자.

1. 육아 일지와 자녀의 독서 기록을 직접 기록한다.
2. 자녀가 시간을 지키는 좋은 습관을 기르도록 돕는다.
3. 직장에서 일어난 일을 아이에게 자주 이야기한다.
4. 식사할 때 자연스럽고 화목하게 토론하는 분위기를 만든다.
5. 자녀에게 "좋은 성적을 받는 사람은 쉽게 무시당하지 않는다."라는 이치를 가르친다.
6. 자녀가 어려움에 처했을 때, 자녀의 입장에서 문제를 해결하는 것을 도와준다.
7. 처음에는 서툴고 적응하지 못하던 것도 반복적으로 노력하면 능숙하게 잘할 수 있다는 것을 깨닫게 한다.

8. 아이에게 원대한 목표를 세우라고 말하되, 조급해하지 말고 차근차근 순서를 밟아야 성공한다는 것을 알려준다.
9. 형제자매 간에 사이좋게 지내며 서로 돕는 화목한 분위기를 만들어 준다.

오바마 부부는 늘 자녀의 삶에 녹아들려고 노력했다. 급한 일이 아니면 두 딸의 무도회나 농구 경기에 참석했다. 영부인 미셸 여사는 하루의 스케줄에 자녀와 '놀기' 시간을 넣어두고 실천했으며, 딸들의 학교생활에 많은 관심을 가지고 교사와 자주 연락하곤 했다. 오바마 대통령이 가장 자랑스러워하는 것은 21개월에 걸친 대선 기간에도 두 딸의 학부모 모임에 직접 참석했다는 점이다. 외국 순방이나 출장 때면 매일 밤 딸에게 전화해 부모가 잊지 않고 있다는 것을 보여줬다.

제23대 하버드대학 총장 코넌트는 대학 운영 방침을 정리하면서 "대학의 명예는 학교 내 건물과 학생 수가 아니라 세대를 거듭하며 드러나는 한 세대의 수준에 있다."라고 말했다. 이는 하버드의 교육 철학이다.

하버드는 학생들의 지적 능력개발뿐 아니라 감성 지능을 개발하고 높이는 데도 초점을 맞추고 있다. 학생들의 참여, 탐구, 혁신, 경쟁과 리더십 능력을 발전시켜 사회를 위해 봉사할 수 있는 길을 열어준다. 진리와 선함, 아름다움의 의미를 충분히 터득하고 자신의 중요한 자질을 보완하여 사회에 진출할 수 있도록 돕는 것이다. 하버드 출신 미국 대통령, 노벨상 수상자, CEO가 많이 배출된 것도 이러한 교육 방침 때문이다.

하버드의 교육 이념과 방법은 성공한 사람들을 벤치마킹할 때 꼭 언급된다. 이 책에는 그들의 훌륭하고 성공적인 인간관계와 인생 교훈이 총정리되어 있다. 이들의 삶의 지혜가 당신의 자존감을 올려주고 인생의 터닝 포인트를 제공해 줄 것이다.

차례

prologue
하버드 출신의 성공한 이들이 꼭 알려주는 것들 • 8

Part 1
마음가짐이 인생을 이끈다

완벽한 인생은 환상일 뿐이다 • 19
인생은 경주가 아니라 여행이다 • 23
마음 속 열정에 불을 지펴라 • 26
비판은 입에 쓴 약이다 • 29
웃음이 어려움을 이기게 한다 • 32
불공평한 세상에 담대해져라 • 35
아름다움은 일상에 숨어 있다 • 38

Part 2
좋은 습관은 인생의 자산이다

의심하는 습관은 공격용 무기이다 • 43
배움에는 끝이 없다 • 46
성공하려면 성실을 먼저 배워라 • 49
작은 일을 손에 잡고 큰일을 도모하라 • 52
책임은 현명한 자의 방패이다 • 55
도전하고 또 도전하라 • 58
포기하지 않는 습관을 길러라 • 62

Part 3
좋은 인간관계가 인생을 풍요롭게 한다

상대를 배려하면 다른 세계가 열린다 • 67
망설이지 말고 먼저 다가가라 • 70
마음을 열면 도울 방법이 보인다 • 73
인간 존중은 인생 최고의 미덕이다 • 76
먼저 이해하면 호감을 선물 받는다 • 79
상대의 결점에 침묵하라 • 82
약속을 지키는 일보다 중요한 일은 없다 • 85
다른 사람을 도울 기회를 소중히 여기라 • 88

Part 4 시간은 가장 소중한 자산이다

시간관리의 허점은 용서되지 않는다 • 93
효과적인 일에 집중하라 • 97
미루기는 시간 도둑이다 • 101
자기만의 시간 운용 법칙을 만들자 • 104
핑계는 시간을 갉아먹는 좀이다 • 108
쉴 때와 일할 때를 구분해야 한다 • 112
일과 휴식의 균형이 맞아야 삶이 조화롭다 • 115

Part 5
목표 설정은 성공의 설계도이다

성공의 길에는 보이지 않는 계단이 있다 • 121
목표가 명확할수록 가야 할 길이 선명하다 • 124
실패에 핑계를 대지 마라 • 127
우유부단함과 작별하고 패기를 길러라 • 130
자신에게 맞는 길을 찾으라 • 133
힘들이지 않고 해낼 일은 없다 • 136
자신감이 모든 성공의 시작이다 • 139
기회를 잘 포착해야 기회가 만들어진다 • 142

Part 6
올바른 사람 되기를 꿈꾸라

책임을 질 줄 알아야 한다 • 147
너그러움으로 다른 사람을 품으라 • 150
칭찬할 줄 알면 어딜 가나 환영받는다 • 153
비판은 날카로운 칼과 같고 악담은 악취나는 오물과 같다 • 156
손해를 감수하는 자는 뜻이 큰 사람이다 • 159
어리석은 자가 똑똑하다고 자랑한다 • 163
작은 것을 양보해야 큰 것을 얻는다 • 166
타협할 줄 아는 것은 지혜의 산물이다 • 169

Part 7
사고의 깊이가 인생의 넓이를 결정한다

편안할 때도 위기의 때를 생각하라 • 175
올바른 선택을 했다면 주저하지 마라 • 178
목표가 있다면 오늘부터 나아가야 한다 • 181
반성은 자신을 성숙하게 한다 • 184
꿈꾸는 것만큼 도전하게 된다 • 187
발상을 전환하면 일은 쉽게 풀린다 • 190
실천하지 않으면 쓸데없는 계획일 뿐이다 • 194
다수의 의견을 참고하되 스스로 결정하라 • 198

Part 8
나를 알아야 세상이 보인다

장점은 키우고 단점은 피하라 • 203
감성으로 삶을 변화시켜라 • 207
내면이 강해야 우뚝 설 수 있다 • 210
긍정의 마음으로 자신을 바라보자 • 213
예민할수록 혼자 고립된다 • 217
부끄러움을 버리면 장애물이 사라진다 • 220
행복은 스스로 채워가야 한다 • 223
우쭐대는 자의 세상은 좁다 • 227

Part 9
마음을 다스리고 생각의 주인이 되라

감정의 노예가 되지 마라 • 233
화가 난다면 숫자를 세어라 • 236
초조함에서 벗어나 침착함을 배우라 • 239
쓸데없는 갈등은 피하라 • 242
걱정 중 99%는 절대 일어나지 않을 일이다 • 245
후회하느니 차라리 다시 도전하라 • 248
불평은 삶만 더 힘들게 할 뿐이다 • 251
싫증내지 말고 열정을 방출하라 • 254
두려움은 약한 사람에게만 강하다 • 257

Part 10
행복과 불행은 당신 생각에 달렸다

행복을 느껴야 인생을 즐길 수 있다 • 263
감사한 마음은 나를 행복하게 한다 • 266
부러워하지 말고 멋진 나를 만들어라 • 269
꿈이 마르면 행복이 자라지 않는다 • 272
기대치가 높으면 행복은 낮아진다 • 275
행복하고 싶다면 행복의 조건을 바꿔라 • 278
증오의 사슬을 끊어야 행복이 깃든다 • 281
기쁨은 나눌수록 더 풍성해진다 • 284

PART 1

마음가짐이 인생을 이끈다

Harvard's 100-Year

Traditional Relationship Class

✦ ✦ ✦

우리는 주위 사람과 사물을 관찰할 때 자주 색안경을 낀다. 부정적인 시각으로 접근하고 자신의 관점에서 벗어나면 선입견과 편견을 드러낸다. 그로 인해 상대는 불편하고 차별화된 시선을 느끼고 힘들어 한다.

매사에 긍정적인 마음가짐을 갖는다면 세상도 그에 따라 변한다. 하버드 대학 심리학과 교수는 학생들에게 "새들의 맑은 지저귐과 아름다운 음악을 듣는다면 자연의 선물에 감사해야 하고, 가을의 단풍과 숲의 꽃을 볼 수 있을 때 하나님의 사랑에 만족해야 한다."라고 말했다. 자신의 상황이 마음에 들지 않아 불만스럽다면 먼저 마음가짐을 바꾸자.

완벽한 인생은 환상일 뿐이다

어느 조각가는 어떤 일이든 완벽해야 한다고 생각했다. 그가 완성한 조각상은 누가 진짜 사람이고 어느 것이 조각인지 구분하지 못할 정도로 감탄을 자아냈다. 그런데 어느 날, 조각가에게 사신이 찾아와 인생이 얼마 남지 않았다고 말했다.

조각가는 죽음이 매우 두려웠다. 오랫동안 고심한 끝에 자기와 똑같은 조각상 11개를 만들었다. 그리고 사신이 찾아와 문을 두드릴 때 11개의 조각상 사이에 숨었다. 12명의 똑같은 사람을 보고 사신은 자기 눈을 믿을 수 없었다. 진짜 조각가를 어떻게 가려내야 할지 혼란스러웠다. 그는 하나님이 완전히 똑같은 사람을 창조하셨을 리 없으며, 이 세상에 똑같은 사람은 단 한 사람도 없다는 사실을 알고 있었다. 그럼에도 진짜 사람을 찾지 못해 결국 사신은 조각가를 데려가지 못했다. 천국에 돌아간 그는 하나님께 물었다.

“똑같은 사람이 12명 있는데, 제가 데리고 올 수 있는 사람은 한 명밖에 없을 때 어떻게 선택해야 합니까?”

하나님은 사신을 가까이 부르더니 속삭였다. 사신은 반신반의하며 하나님께 물었다.

“그게 정말 효과가 있을까요?”

“걱정하지 마라. 해보면 알게 될 것이다.”

사신은 다시 조각가의 방에 와서 외쳤다.

“이 조각상들은 완벽해보이지만 여기에 약간의 결함이 있구나.”

그러자 완벽을 추구하는 조각가는 자신의 위험한 상황을 깜빡 잊고 뛰쳐나와 따졌다.

“결점이라고요? 아니, 결점이 어디 있다고!”

“하하, 드디어 잡았다. 너무 ‘완벽’하다는 것이 곧 결점이다. 세상은 물론 천국에도 완벽한 것은 없다. 이제 가자, 죽을 때가 되었다!”

사람은 완벽의 경지에 도달하기를 원한다. 이를 긍정적으로 보면 자아실현 과정에서 원동력이 된다. 그러나 금에도 순금이 없고 세상 만물도 완벽한 것 자체가 없다. 사람도 예외가 아니다.

완벽함의 추구는 아름다운 환각일 뿐 좋은 이상이 아니다. 아름다운 결말을 꿈꾸지만 그에 미치지 못하는 경우가 많다. 완벽으로 직통하는 길이란 건 없고 결함은 항상 있게 마련이다. 세상에 완벽이란 게 존재하지 않는데 무엇 때문에 여기에 집착하는가? 완벽을 바라면서 어떻게 자유분방하게 살 수 있겠는가? 한 가지 일에 지나치게 완벽을 기하면 결국 아름다움과 자연스러움을 잃어버린다. 완벽에 대한 지나친 욕구가 오히려 아름다움을 잃어버리게 하는 것이다.

팔이 부러진 비너스는 사람들의 상상력을 자극시킨다. 결점을 가진 아름다움이라는 아쉬움은 있지만, 사라진 팔 때문에 비너스는 가장 아름다운 조각품 중 하나가 되었다. 사람들은 진흙 위에 핀 수련을 보며 그 고결함과는 어울리지 않는다고 탄식한다. 그러나 진흙이 없으면 수련은 고결함과 아름다움은 빛을 발할 수 없다. 이렇듯 결함과 아름다움이 공존할 때, 결함은 이점이 되고 없어서는 안 될 원동력으로 작용한다.

완벽주의자들은 세상의 본질적인 법칙과 달리 완벽을 가장 높은 이상으로 착각한다. 그러나 이 '완벽' 추구가 심리적 불균형을 가져오고 엄청난 정신적 스트레스를 부른다. 완벽한 결과를 얻으려다 오히려 값진 것을 잃어버리게 된다.

중국에 "물이 너무 맑으면 고기가 없고 사람이 너무 각박하면 친구가 없다."라는 옛 교훈이 있다. 완벽해보이는 것들에도 결점이 있게 마련이다. 완벽하려는 것도 마찬가지다. 일을 계속 진행하며 잘못된 부분을 보완해 완성도를 높여야 한다. 처음부터 너무 과하게 힘쓸 필요가 없다. 시작 단계부터 완벽만 추구한다면 오히려 완벽에서 더 멀어질 수 있다.

◆ 나를 바꾸는 하버드 인생 지혜

하버드 심리학 박사 탈 벤 샤하르의 '긍정심리학' 강의는 학생들이 선호하는 강의 중 하나이다. 박사는 수업에서 "뛰어난 것을 추구하되 완벽주의자가 되지 마라."고 가르친다. 완벽주의자는 결국 자신이 이룬 것조차도 부정한다. 가진 것이 많지만 행복하지 않은 사람을 보면 알 수 있다. 만약 당신이 완벽한 인생을 소유하기를 바란다면 반드시 실망하고 좌절하게 된다. 현실에서 결코 이루어질 수 없기 때문이다.

인생은 경주가 아니라 여행이다

아프리카 오지를 탐험하기로 한 서양의 탐험대가 현지 원주민들을 짐꾼과 가이드로 고용했다. 탐험대는 시간이 없어서 급히 서둘렀다. 출발하고 3일 동안은 이 원주민들과 호흡이 척척 맞아서 몇십 킬로그램의 장비를 메고도 빠르게 걸어갔다. 하지만 4일째 되던 날 아침, 탐험대가 준비를 마치고 출발하려고 하자 원주민들은 더 이상 가지 않으려고 했다. 탐험대가 그들을 아무리 설득해도 소용이 없었다. 탐험대는 이유를 몰랐다. 혹시 무심결에 그들에게 미움을 샀을까? 아니면 이 일이 너무 힘들다는 핑계로 돈을 더 달라고 요구하는 것일까? 이런저런 생각으로 고민할 때 원주민 우두머리가 말했다.

"우리의 전통에는 3일 연속 걸으면, 4일째 되는 날엔 하루라도 멈춰서 쉬어야 합니다. 우리의 영혼이 우리의 발걸음을 따라올 시간을 주어야 합니다."

원주민은 정신없이 일한 뒤 꼭 쉬어야 한다는 걸 알고 있는데, 자칭 문명인이라는 탐험대는 이 이치를 모르고 있었던 것이다. 우리도 마찬가지다. 매일 업무나 공부, 자신이 세운 목표를 좇아 쉬지 않고 달린다. 잠시 생각할 여유조차 없다. 그저 끊임없이 상황에 떠밀려 눈앞의 할 일을 좇는다. 그렇게 급하게 살아가는 동안 우리 영혼은 저 멀리 낙오되어 있지 않은지 살펴야 한다.

유럽 알프스의 경관은 매우 아름답다. 하지만 사람들은 우뚝 솟은 산봉우리에 오르기 위해 발밑만 보고 앞으로 전진한다. 멈춰서서 주변의 경치를 감상하는 사람은 거의 없다. 이를 안타까워한 현지인들은 "천천히 걸으세요, 풍경을 감상하는 걸 잊지 마세요!"라는 표지판을 길 곳곳에 세워놓았다. 자주 올 수 없는 이곳의 아름다움을 놓치고 가는 사람들이 안타까웠던 까닭이다.

요즘처럼 변화가 빠른 시대를 사는 사람들은 매일같이 바쁘다. 경쟁이 치열한 사회, 지금 당장 일하지 않으면 남들에게 밀리고 도태된다는 생각이 머리에 가득 차 있다. 학생 때부터 훈련받은 경쟁사회의 단면이다. 그뿐만 아니다. 자신이 세운 목표를 향해 달리라고 꾸준히 압박을 받는다. 성적에서부터 꿈과 경제력으로 이어지는 인생의 사다리를 계속 올라가야 한다고 교육받았다. 그로 인해 자신이 무엇을 진정으로 원하는지, 왜 이 목표를 이뤄야 하는지 돌아볼 여력이 없다. 그저 오르고 달리고 매달려 꼭대기까지 올라야 한다는 강박뿐이다. 일과 목표를 이루고 행복해지겠다고 결전의 자세로 임하지만 성취를 누릴 만큼 흡족한 만족이 찾아오지 않는다. 그래서 오늘도 끝없이 돌진하고 있다.

마라톤 선수는 전력 질주할 때와 자기만의 페이스를 유지한 채 뛸 때를 안다. 물이 필요할 때가 있고 거친 숨을 고를 때가 있다. 인생은 마라톤보다 훨씬 더 길고 험한 여정의 연속이다. 주위 사람들과 사회적 관계를 모두 잊고 자기만의 레이스를 즐겨야 한다.

삶의 즐거움을 누리는 것은 사치가 아니다. 휴식의 시간을 가지고 충분한 쉼을 얻는 걸 부담스러워하지 마라. 한 번뿐인 인생에 여유를 선물하고 흐뭇함을 보상으로 받아라.

◆ 나를 바꾸는 하버드 인생 지혜

하버드대학 심리학 박사 웨샤오둥岳曉東은 "행복은 사람이 마음으로 느끼는 활달한 마음 상태이다. 행복은 삶의 여유와 만족, 미래에 대한 무한한 동경과 희망에서 나온다. 당신 인생이 편안하고 희망으로 가득 찰 때 행복은 당신과 함께 길을 나설 것이다."라고 말했다.

마음 속 열정에
불을 지펴라

2010년, 하버드대학 출신 리즈 머레이 박사의 삶이 사람들을 감동시켰다. 인생에서 '불행'이라는 꼬리표가 붙었을 때 우리가 할 수 있는 유일한 일은 열정을 불사르는 것임을 일깨워주었다.

1980년 뉴욕의 빈민가에서 태어난 리즈는 마약에 중독되어 가난에 찌든 부모 아래서 자랐다. 학비를 낼 돈이 없어 어린 나이에 학교도 그만두었다. 8살 때, 그녀와 언니는 배고픔을 해결하기 위해 거리에서 구걸해야 했다.

리즈가 15살이 되던 해, 부모는 에이즈로 세상을 떠나면서 리즈와 언니는 고아가 되었다. 언니 리사는 다행히 친구의 도움을 받아 친구네 소파에서 잘 수 있었다. 하지만 리즈는 버려진 철로, 터널, 길거리의 벤치 등을 전전해야만 했다. 그때 그녀는 반드시 스스로 운명을 바꾸겠다고 맹세했다.

리즈는 교육을 받는 것만이 운명을 바꾸는 유일한 길임을 알았다. 하지만 냄새나는 더러운 옷을 입고 학교를 돌아다니며 입학 신청을 하는 탓에 연거푸 거절당했다. 그러다 어느 중학교 교장선생님의 도움으로 2년 만에 졸업할 수 있는 고등학교 속성반에 들어갔다. 그녀는 학업 계획을 달성한 것은 물론 선택한 연구 과목까지 이수했다. 2년 후, 그녀는 모든 과목에서 우수한 성적을 받았고 하버드대학에 입학했다. 언론에 보도된 그녀의 이야기는 뉴욕 전역을 감동시켰다.

"언젠가는 안정된 삶을 꾸릴 수 있을 거라 믿어요. 엄마가 후회하며 돌아가시는 걸 보고 어떤 장애물도 제 꿈을 막을 수 없다고 생각했죠."

2009년, 리즈는 하버드대학에서 석사 학위를 받고 임상심리학 박사 과정을 계속 공부했다. 리즈는 17살 때부터 인생은 스스로 바꿀 수 있다는 것을 알았다. 어떤 때라도 운명에 굴복하면 안 되고 악착같이 싸울 때 운명을 바꿀 기회가 온다는 사실도 터득했다. 그리고 이를 증명해낸 것이다.

인생에서 좌절은 피할 수 없는 과정이다. 좌절의 경중은 다르지만 누구나 경험하게 되는 인생의 필수 코스이다. 이를 뛰어 넘느냐 그 앞에서 포기하느냐에 따라 용사와 겁쟁이를 구별할 수 있다. 좌절을 마주할 때 열정으로 이겨내는 사람은 용사이다. 그들은 좌절 앞에서 무릎을 꿇더라도 곧장 일어서서 다시 자기 길을 달려나간다. 어떤 좌절도 그들을 실패로 옭아매지 못한다. 하지만 낙담하여 주저앉는 사람은 겁쟁이다. 그들은 좌절에 온갖 핑계를 대며 다시 달리려 하지 않는다.

열정은 상처를 치유하는 좋은 치료제다. 좌절이나 실패를 겪으면서 스스로 강인해질 때 아름다운 순간으로 승화된다. 촛불이 아름답다고 하지만 성냥으로 불을 붙이지 않으면 불을 밝힐 수 없다. 열정은 성냥과 같다. 당신이 가진 능력과 장점을 충분히 태워 인생을 밝히는 동력으로 삼아야 한다. 열정이 부족하면 아무리 뛰어난 재능과 조건이라도 무용지물이 된다.

계획을 세울 때나 목표를 정할 때는 의욕적으로 임하자.

◆ 나를 바꾸는 하버드 인생 지혜

하버드대학 심리학과 교수 로이는 "열정은 정신적 특성이고 긍정적인 정신력을 대표한다."라고 말했다. 열정은 자신에게 주어진 가장 큰 재산이다. 그것의 잠재 가치는 돈과 권력을 훨씬 능가한다. 열정은 편견과 적의를 무너뜨리고 게으름을 없애며 장애물을 제거한다. 열정은 행동하는 믿음이다. 이 믿음이 있으면 이겨내지 못할 것이 없다.

비판은 입에 쓴 약이다

1981년 제정된 '골든라즈베리상'은 아카데미상과 대조적으로 최악의 영화, 최악의 감독, 최악의 배우에게 수여하는 상이다. 2005년까지 매회 수상자를 선정했지만 '최악'을 대표하는 골든라즈베리 시상식에 참석한 사람은 단 한 명도 없었다.

2005년 2월 26일 제77회 아카데미상 개막 전날 밤, 골든라즈베리 시상식이 할리우드 중부 소극장에서 시작되었다. 그 초라한 개막식은 '오스카상' 시상식과 큰 대조를 이루었다. 참석자들은 예년과 마찬가지로 이번 골든라즈베리 시상식에 어느 누구도 수상하러 오지 않을 거라고 입을 모았다.

시상식이 시작되자 사회자는 "영화 〈캣우먼〉의 주인공이자 이번 '최악의 여주인공' 수상자인 할리 베리 여사가 무대에 올라 상을 받습니다."라고 너스레를 떨었다. 300여 명이 모인 장내에

폭소가 터졌고 진행자는 "오직 바보만이 이 상을 받으러 올 것입니다."라고 말을 이었다.

이때 아름답게 단장한 할리 베리가 무대 뒤에서 우아하게 시상대로 걸어 나왔다. 그녀는 모두를 향해 손을 흔들어주었다. 사람들은 놀라서 눈을 크게 뜨고 입을 벌렸다. 할리 베리는 시상대에 올라 '골든라즈베리 최악의 여주인공' 트로피를 받았다. 그러자 환호와 더불어 우레와 같은 박수가 터져 나왔고 10분 동안이나 이어졌다. 할리 베리는 허리 숙여 인사한 뒤 눈물을 머금고 말했다.

"제가 할리우드의 유명 여배우이고 아카데미 여우주연상을 받은 적도 있습니다. 하지만 오늘과 같은 '최악의 주연상'을 받을 거라곤 꿈에도 생각지 못했습니다. 물론 이 상을 받는 것을 거절하고도 싶었지만, 어릴 적 어머니께서 해주신 '인생은 결코 순탄치 않고 실패해보지 않으면 영원히 훌륭한 사람이 될 수 없다.'라는 말씀이 생각났습니다. 살면서 다 쓸 수 없을 정도로 값진 보물을 주신 여러분과 심사위원분들께 감사드립니다."

우리는 살아가면서 다양한 비판을 듣는다. 행동이나 상황이 바뀔 때 주변 사람들은 더 혹독하게 평가한다. 따뜻한 위로와 격려도 있지만 냉정하고 가혹한 비난도 있다. 만약 이런 비판에 직면한다면 당신은 어떻게 대답할 것인가? 그때는 다른 사람의 비판을 수용하고 자신의 사고와 정신을 바로잡는 사다리로 삼아야 할 것이다. 만약 자신을 비판하는 사람들과 대립한다면 스스로 사다리를 무너뜨리는 꼴이 되어 한 계단도 오르지 못한다.

그럼에도 불구하고 비판을 감내하는 사람은 많지 않다. 타인의 비판을 인정하는 사람은 더욱 드물다. 특히 자신감이 부족하고 비판에 지나치게 민감한 사람은 온갖 방법을 동원하여 그것을 피하려 한다.

비판에 두려움으로 대인 관계나 사회적 관계의 문을 닫아버린다. 비판의 두려움을 극복하는 유일한 방법은 용감하게 직면하는 것이다. 누군가 당신을 비판한다면 일단 인정하자. 당신이 한 일의 결과에 책임지는 것이라고 믿자. 만약 비판이 너무 사적이거나 매우 주관적 견해를 내세운 불공정한 비판이라면 더욱 두려워할 필요가 없다. 상대방이 옹졸한 것이다. 나중에 그가 후회한다.

◆ 나를 바꾸는 하버드 인생 지혜

한 가지 일도 이루지 못한 사람만이 비판을 면할 수 있다. 당신의 의견과 다른 새로운 관념과 새로운 방법을 제시한다면 그 비판을 받아들여야 한다. 똑똑한 사람은 자기 자신을 알기에 타인의 비판을 솔직하게 받아들인다. 누구나 부족한 부분이 있게 마련이다. 누군가 당신 앞에서 결함이 드러낸다면 의연하게 받아주자. 그를 위해 비판하고 싶거든 같은 상황이 두 번 반복되었을 때 하자.

웃음이
어려움을 이기게 한다

끊임없이 병마에 시달려 온 잉글렛은 치료를 받느라 오랜 시간을 병원에서 허비했다. 몸이 다 회복되었다고 생각할 즈음 이번에는 설상가상으로 신장병과 고혈압 진단을 받았다. 의사는 이제 수술과 약이 소용없다며 마음의 준비를 하라고 했다.

상심에 빠진 잉글렛은 가족에게 자신의 임종이 가까웠음을 알린 뒤 방에 틀어박혀 누구와도 만나지 않으려 했다. 가족은 그의 고통스러운 모습을 보고 마음이 아팠지만 어찌할 도리가 없었다. 그렇게 일주일이 지났을 때 잉글렛이 방문을 열고 나왔다.

"내가 정말 바보 같아. 안 그래? 앞으로 1년은 죽지 않고 살 수 있을 것 같은데 왜 살아 있는 시간을 즐겁게 보낼 생각을 못 했지?"

그는 가슴을 펴고 활짝 웃었다. 어쩌면 그는 마음 아플 가족을 위해 자신에게 즐거움을 강요했는지도 모른다. 어쨌거나 그는 매일 일어나 “웃자 웃어!”라고 말했다. 그의 기분은 점점 나아졌고 얼굴에는 미소가 떠나질 않았다.

그렇게 1년이 지난 후 잉글렛은 여전히 건강한 삶을 살아갔다. 이에 대해 잉글렛은 가족과 친구들에게 이렇게 설명했다.

“한 가지 분명한 것은 우울해하고 시름에 빠져 있으면 그 의사의 예언이 들어맞게 되는 거잖아. 그래서 나는 긍정적으로 생각하기로 했어. 웃으면서 건강에게 회복할 기회를 준 거야.”

같은 일도 마음가짐에 따라 다르게 변한다. 긍정적으로 받아들이느냐, 부정적인 부분을 집중해서 보느냐에 따라 결정된다. 마음가짐이 일의 발전 방향과 인생의 결말을 결정하는 것이다. 낙관적이고 긍정적인 마음을 가지면 그늘에서 벗어나 햇볕으로 나갈 수 있다. 뿐만 아니라 자신감을 가지고 성공을 향해 나아갈 수 있다.

어떤 일에 직면한다면 자신의 감정을 추스르며 양보하자. 그 일이 더 나은 방향으로 발전하길 바라자. 그 순간 감정을 조절하기가 어렵겠지만 도발적이고 도전적으로 대응하는 것보다 확실히 유익이 된다. 그래야만 자신이 원하고 바라는 일의 방향으로 끊임없이 발전한다.

우리 일상에는 자기 기준에 미흡한 것, 추악한 것, 불편한 것,

봐줄 수 없는 것들이 존재한다. 사회생활을 하면서 마주하는 관계나 일에서 비일비재하게 발생한다. 즉각해서 반응하지 않으면 자신이 손해보는 것 같고 상대에게 비웃음이나 무시당할 것 같은 느낌이 강하게 든다. 그래서 목소리를 키우고 감정을 숨기지 않고 드러내는 것이다. 하지만 감성지수가 높은 사람은 그것을 성장의 기회로 삼는다.

삶에서 어려움과 불행을 만나기를 원하지 않지만, 설령 눈앞에 그것이 닥친다고 하더라도 고통 속에서 힘쓰고 노력하자. 그리고 좋은 것을 발견해서 선택하고 결정하자. 아이러니하게도 사람들은 고통과 시련을 겪어내며 행복의 절정에 오른다. 그러니 일시적인 고통에 당신의 환한 미소가 묻히지 않게 하라!

◆ **나를 바꾸는 하버드 인생 지혜**

하버드대학 공중보건학 연구원인 로라 쿠브잔스키는 "낙관적이고 긍정적인 감정은 모두 소중한 자산이다."라고 말했다. 행복은 천부적인 권리이다. 이 권리를 잃어버렸다면 거울을 꺼내라. 그리고 거울에 비춰진 자신에게 "웃자 웃어."라고 말하라. 그렇게 항상 미소로 인내하면 반드시 삶의 어두운 구름이 걷힌다.

불공평한 세상에 담대해져라

1939년, 20살의 스탠리 캐플란Stanley Kaplan은 우수한 성적으로 뉴욕시립대학을 졸업했다. 그러나 그가 의대에 진학하려고 할 때 5개 유명 대학은 계속 퇴짜를 놓았다. 캐플란은 자서전에 "내가 유대인이고 공립대학에 다닌 것이 나를 거부했던 이유였다. 정말 얼토당토않은 일이었다."라고 적었다. 그는 의대에 입학시험이 있다면 공립대학 졸업생이 사립대학 졸업생에게 조금도 밀리지 않는다는 것을 증명할 수 있다고 생각했다. 이런 기회가 없다는 것이 매우 불공평하게 느껴졌다.

당시 유대인은 미국 교육에서 차별을 받았고 고등교육을 받을 기회가 많지 않았다. 그런 유대인에게 유일한 돌파구는 시험이었다. 그들은 명석한 두뇌와 우수한 성적을 바탕으로 상류사회에 진입했는데 이에 미국 교육계는 매우 당황했다. 그들은 어떻게 하면

'유대인 문제'를 해결할 수 있을까 고민했다. 미국 대학 내에 입학 전형을 전담하는 입학사정관실이 바로 이런 분위기 속에서 생겨났다.

유대계 민족은 백인에게 억압받는 취약계층이었고 캐플란도 이에 속했다. 하지만 캐플란은 불공평함을 원망하지 않고 굴복하지도 않았다. 유대인이 유일하게 의존할 수 있는 무기인 시험에 집중했다. 캐플란은 미국의 대학 입시 SAT를 연구해 단기간에 SAT 점수를 빠르게 올리는 방법을 찾았다. 캐플란은 학생들을 상대로 이를 교육했다. 캐플란의 교육을 받은 학생들은 우수한 성적을 받았다. 이에 연방산업위원회는 공식적인 조사를 실시해 '질 나쁜 유대인'이 허위광고를 하고 있음을 증명하고자 했다.

조사보고서는 1979년 공식적으로 발표되었다. 그런데 놀랍게도 캐플란 교육으로 SAT 과목에서 최소 25점의 성적을 올릴 수 있다는 사실이 확인되었다. 이 보고서는 캐플란 교육기관을 전국적으로 알리는 최고의 광고가 되었다. 이후 캐플란의 교육사업은 나날이 번창하여 '시험 혁명'은 '교육 민주 운동'으로 불렸다. 그리고 미국 전역의 인재 선발 시스템을 바꾼 '미국 시험 교육의 아버지'가 되었다.

삶은 토론의 장이 아니다. 그래서 여기에는 '공평'과 '공정'이란

게 없다. 자신에게 주어진 삶과 치열하게 분투해 성과를 이끌어야 한다. 삶은 때때로 다른 사람에게는 꽃과 박수를 주면서 나 자신에겐 가시덤불을 건낼지 모른다. 삶을 이해하고 사랑하는 사람은 삶이 자신에게 장미를 가져다주길 기대하지 않는다. 설령 장미가 주어진다고 해도 금세 시들어 그 영광이 지속될 것으로 믿지 않는다. 오히려 자기 손에 쥐고 있는 가시덤불을 장미로 만드는 과정을 사랑한다. 이 과정에서 몸부림치고 신음할지라도 다른 이에게 고통을 전가시키지 않는다. 원망이나 불평이 없다는 말이다.

이 세상에는 절대적으로 완전한 공평이 존재하지 않는다. 불평과 비난으로 공평함을 실현하려는 그 자체가 시간과 에너지를 낭비하는 것이다. 내가 원하는 공평한 세상을 얻고 싶다면 적극적으로 싸우자. 자기 삶이 실린 배의 노를 열심히 저어가면 된다. 끊임없는 노력 뒤에 영광이 숨어 있다.

◆ 나를 바꾸는 하버드 인생 지혜

마이크로소프트 창업자 빌 게이츠는 "인생 자체가 불공정한 경쟁이기에 그것에 익숙해지고 받아들이는 것만이 우리가 할 수 있는 유일한 일이다."라고 말했다. 인생은 그 자체로 불공평하다. 이런 불공평함은 각 사람이 발전해 나가는 작고 사소한 단계에 하나씩 퍼져 있다. 이 현실을 직시하지 못하고 불만으로 조급해한다면 당신은 언제나 불공평한 인생을 살게 될 것이다.

아름다움은 일상에 숨어 있다

대학을 졸업할 무렵 브리검은 22살이었다. 교사가 되겠다는 어릴 적 꿈을 실현하기 위해 그는 풍부한 문화 소양을 지닌 도시 케임브리지를 찾았다. 꿈은 아름다웠지만 현실은 참혹했다. 그는 끊임없이 학교에 지원서를 넣었지만 한 통의 답장도 받지 못했다. 여러 방식으로 지원하고 심지어 구직 기준도 낮추었지만 그를 고용하려는 학교가 없었다. 꿈을 좇는 마음이 현실의 벽에 부딪히자 브리검은 깊은 수렁에 빠졌다.

일자리가 없어 돈도 벌지 못했다. 그의 생활은 곤궁 그 자체였다. 그때 케임브리지 시청에서 도시의 위생과 청결을 유지하는 청소부를 모집한다는 신문 광고를 보았다. 한참을 망설인 끝에 그는 청소부에 지원했다. 교사가 되겠다는 자신의 꿈과는 거리가 먼 일이었지만 생계를 유지하기 위해선 어쩔 수 없는 선택이었다.

그는 시청에 채용되었고, 일은 매우 단순했다. 매일 손수레를 끌고 다니면서 거리와 골목에 버려진 쓰레기를 줍는 일이었다. 처음에는 마지못해 이 일을 시작했지만, 이후에 그는 이 일을 깊이 사랑하게 되었다.

그는 케임브리지의 역사를 공부하기 시작했다. 주위 사람들에게 과거에 있었던 일을 묻고 비화秘話를 수집했다. 그러던 어느 날 우연히 관광객에게 케임브리지 문화 유적과 역사적 유래를 설명할 기회가 생겼다. 그때 브리검은 뛰어난 말솜씨와 문화적 배경지식을 바탕으로 그들이 잊을 수 없는 멋진 가이드를 해주었다. 이게 입소문이 나면서 케임브리지에 오는 관광객은 브리검을 찾는 일이 많아졌고, 그때마다 그들의 기대에 어긋나지 않도록 만족시켜주었다. 케임브리지에 대한 깊은 사랑과 이해를 바탕으로 문화를 공부했기에 가능한 일이었다.

케임브리지는 2009년 말 브리검에게 우수한 가이드에게 부여되는 자격인 '블루 뱃지 가이드'를 수여했다. 그리고 민속박물관 의장으로 임명했고, 케임브리지대학은 그에게 명예 문학 석사 학위를 수여했다.

성공한 인생의 모델은 하나가 아니고 매우 다양하게 펼쳐진다. 스스로 작다고 생각하는 당신이라면 집중하여 세세한 일상을 다

듣어보자. 인내심을 가지고 기회를 기다려보라. 언젠가 반드시 성공을 빚어낼 수 있다는 희망이 필요하다.

관념은 우리는 매일 보게 되는 많은 것들에 대해 원래 저렇게 생긴 것이라고 생각하게 만든다. 그런데 보는 각도를 바꾸면 더 신비하고 아름다운 모습을 볼 수 있다. 관점의 각도를 바꾸거나 판단의 기준을 바꾼다면 평범함 속에 감춰진 아름다운 모습을 발견하게 된다. 사물을 놓고 사진을 찍을 때 어느 위치에서 찍느냐에 따라 다르게 찍히는 것을 생각하면 쉽다.

세상에는 자신만의 시각으로 세상을 남다르게 보는 사람들이 존재한다. 그들은 아주 평범하게 살아가지만 자신의 꿈과 소망을 포기한 적이 없다. 살아온 삶이 평범하기에 이들의 성공은 걸출한 인사에 견줄 만한 것도 아니고 만인의 존경을 받는 위치도 아니다. 그러나 그들은 꿈을 좇으며 자신만의 빛을 발한다. 그들로 인해 세상이 환하게 밝아지는 것이다.

◆ 나를 바꾸는 하버드 인생 지혜

삶은 빛 가운데 빛나고 평범함 가운데 진실되다. 세계 일류 대학인 하버드 출신들도 각자 삶을 살아가는 작은 사람들이다. 그들은 자신만의 세계에서 작지만 놀라운 꿈을 갖고 있다. 꿈을 위해 절대 포기하지 않는 용기도 갖고 있다. 이런 작은 사람들이 꾸는 큰 꿈이 세상을 바꾸고 미래를 인도한다.

PART 2

좋은 습관은 인생의 자산이다

Harvard's 100-Year

Traditional Relationship Class

어떤 이는 가난하고, 어떤 이는 부유하며, 어떤 이는 즐겁고, 어떤 이는 불평한다. 어떤 이는 환영받으나 어떤 이는 무시당한다. 이는 자신의 습관이 결정한다. 인생은 사실 좋은 습관과 나쁜 습관의 싸움터이다. 빌 게이츠는 "좋은 습관은 재산이다. 좋은 습관을 가졌다면 당신은 평생 그 습관의 덕을 볼 것이다."라고 말했다. 만약 스스로가 평범하다고 생각된다면 습관이 잘못되지 않았는지 돌아보자. 습관은 우리를 성공에 이르게 하지만 실패에 이르게 할 수도 있다. 모두가 습관의 영향력 아래서 살 수밖에 없다. 그렇다면 그 습관을 이용하고 변화시켜야 할 것이다.

의심하는 습관은 공격용 무기이다

영국의 작은 마을에 두 형제가 운영하는 마트가 있었다. 그들의 생활은 바쁘지만 순탄했다. 그러던 어느 날 10달러를 잃어버리는 일로 형과 동생 사이에 변화가 생겼다. 한 고객이 10달러짜리 물건을 샀는데 형이 그 돈을 계산대 위에 놓고 외출하고 돌아와보니 사라지고 없어진 것이다. 형은 계산대의 돈을 봤느냐고 동생에게 물었다. 동생이 보지 못했다고 하자 "우리 둘만 가게에 있었는데 돈에 발이 달린 것도 아니고 어떻게 저절로 없어질 수 있냐?"라며 따졌다. 동생은 형이 자신을 의심하는 것에 기분이 상해버렸다. 이때부터 형과 동생 사이는 멀어지기 시작했다. 형제간의 대화도 줄어들었고 나중에는 함께 살고 싶어 하지도 않게 되었다. 형제의 감정의 골은 갈수록 더욱 깊어졌다. 이후 십여 년간 서로를 향한 적대감만 쌓여갔고 고통도 날로 커지기만 했다.

그러던 어느 날 가게 앞에 차 한 대가 멈춰 서더니 낯선 남자가 내렸다. 그 남자는 가게에 들어와 "이 매장의 주인입니까?"라고 물었다. 형은 "네 맞습니다. 무엇을 도와드릴까요?"라고 물었다. 그러자 남자는 얼굴을 붉히며 말했다.

"저는 십여 년 전의 일에 대해 용서를 구하러 왔습니다. 그때의 저는 그저 빈둥거리는 노숙자였습니다. 당시 제가 가게에 왔는데 아무도 신경 쓰지 않는 걸 보고 계산대 위의 10달러를 훔친 적이 있습니다. 10달러가 그리 큰 금액은 아니지만 여러 해 동안 계속 해서 양심의 가책을 받아 왔습니다. 그래서 용서를 구하러 온 것입니다."

남자의 말에 형은 눈물을 글썽였다.

의심이 든다고 처음부터 자기 생각을 결론 내리지 마라. 의심의 구덩이에 빠져버리기 때문이다. 의심은 보통 어떤 가설에서 시작하지만 근거 없는 추측에 지나지 않는다. 이 추측은 자신의 판단력을 흐트러놓는다. 의심은 그럴수록 진해지고 동그래지는 원과 같다. 의심의 심리 작용으로 사람들은 자신이 판 구덩이와 폐쇄적인 사고에 갇힌다.

의심은 출구가 없는 마음에서 일어나는 선택이다. 사람 간의 관계에서 생기는 매우 나쁜 마음의 습관이다. 우리는 의심을 '감정의 좀벌레'라고 부를 수 있다. 영국의 철학자 베이컨은 "의심하는 마음은 박쥐와 같고, 그것은 항상 해질녘에 뜬다. 이런 습관은 사람을 현혹시켜 분별력을 어지럽힌다. 그것은 혼란에 빠뜨려 적과 친구를 혼동하게 하고 당신의 앞날을 파괴한다."라고 말했다.

의심의 끝은 대부분 사실무근으로 판명된다. 그로 인해 의심한 사람도 의심받은 사람도 난처한 상황에 빠지고 만다. 안타깝게도 의심하는 사람은 사실이 밝혀지기 전까지 자신의 의심이 합리적이라고 자기암시를 건다. 선입견과 자기암시를 버리기 위해서는 타인과 자신을 객관적으로 바라볼 줄 알아야 한다.

◆ 나를 바꾸는 하버드 인생 지혜

하버드대학의 심리학자는 "상상은 인류의 정신 활동이다. 인류가 도전하고 모험하며 어떤 성과를 거두게 하는 키이고 인류가 노력하게 하는 원동력이자 인간의 마음 깊은 곳으로 향하는 지름길이다. 그러나 무의식적으로 의심하고, 사람이나 일에 불편한 마음을 가지면 어느새 상상이 의심으로 변한다."라고 말했다. 기발한 아이디어는 창조의 원천이지만 터무니없는 생각은 의심의 근원이다. 의심하는 나쁜 습관을 없애려면 자기 생각을 통제할 줄 알아야 한다. 자꾸 다른 사람을 나쁘게 생각해서는 안 된다. 기억하라. 당신이 다른 사람을 보는 기준이 곧 자신이 어떤 사람인지를 나타내는 척도이다.

배움에는 끝이 없다

어느 견습생이 이제는 더 공부해야 할 필요가 없다고 생각했다. 그는 스승에게 이미 모든 기술을 배워서 이제 자신의 힘으로 살아갈 길을 찾아낼 수 있다고 말했다. 스승은 이 제자가 천부적인 재능이 있지만 너무 쉽게 만족하고 학문에 끝이 없다는 도리를 깨닫지 못하는 것을 안타깝게 여겼다.

스승은 병 하나를 꺼내 꽉 찰 때까지 돌을 채워넣었다. 그는 제자에게 병을 보여주며 물었다.

"이 안에 물건을 더 넣을 수 있느냐?"

제자가 고개를 절레절레 흔들었다. 그러자 스승은 모래 한 줌을 땅에서 집어 병에 넣었다. 모래가 돌 틈으로 미끄러져 들어가며 병을 더 가득 채웠다. 스승이 제자에게 다시 물었다.

"더 담을 수 있겠느냐?"

제자는 병을 유심히 보고 나서 이미 꽉 차서 더 담을 수 없다고 대답했다. 그러자 스승은 가루 형태의 석회를 집어 천천히 병에 담았다. 그러자 석회가 금방 스며 들어갔다. 스승은 제자에게 물었다.

"병이 가득 찼느냐?"

제자는 고개를 끄덕였다. 스승은 이번엔 물 한 바가지를 떠서 병 속에 조금씩 부었다. 이 물도 빠르게 모래에 흡수되었다. 비로소 제자는 자신이 아직도 많이 부족하다는 것을 깨달았다.

우리는 스스로 충분히 강하고 충분한 능력과 지혜를 가지고 있다고 생각한다. 하지만 알고 보면 세상 속 보잘것없는 작은 분자이며, 우리가 아는 것은 수많은 진실 중 아주 미미한 일부일 뿐이다. 그런데도 끝까지 머리를 치켜들고 겸손하게 배우려 하지 않는다면 우리의 사고는 영원히 확장될 수 없다.

누구도 성공한 사람에게 더 배우라고 강요하지 않는다. 하지만 그들은 스스로 배우려고 한다. 새로운 지식이 자신을 발전시킨다는 사실을 알기 때문이다. 반대로 실패하는 사람은 게을러서 배우려 하지 않는다. 그들에게 있어 공부는 부담이고 괴로움이다. 성공과 실패의 경계선은 지식을 얻는 사람의 태도가 결정짓는다. 매일 배우는 자세로 일상에 임하자. 배운다는 의미를 넓게 확장시켜야 한다. 사회적 안목을 키우고 상대를 이해하고 공감하는 능력을 기르는 것이 좋다. TV를 보거나 신문이나 언론을 통해 사회를 정치나 경제에도 관심을 가져야 한다. 사회 구성원으로서 자기 역할과 책임을 찾는 길이다. 또한, 독서나 영화감상 등을 통해 자신과 다른 삶을 들여다 보면 좋다. 자신의 가치관으로는 용납되지 않았던 상황이 주인공이나 주변인물을 그려내는 작품을 보며 이해할 수 있게 된다.

세상은 자신이 아는 만큼 보이고 아는 만큼 들린다. 배움에는 끝이 없다는 진리를 새기고 누구를 만나든지 상대에게 배울 점이 있음을 기억하자. 아이러니하게도 배움이란 구하는 자에게만 깨달음을 준다. 배우려 하지 않는다면 배울 점은 암막 속으로 숨어버린다.

◆ 나를 바꾸는 하버드 인생 지혜

지식은 끝이 없고, 배움에도 끝이 없다. 공부가 중요하다는 것을 깨닫는다면 지금부터 노력해도 늦지 않다. 배움에 있어서라면 아랫사람에게 묻는 것도 부끄러워하지 말자. 배울 수 있다면 어려움과 두려움을 극복하는 정신이 있어야 한다. 그래야 비로소 배움에 성과가 있고 배움의 쓸모를 찾을 수 있다.

성공하려면
성실을 먼저 배워라

성실함은 서투른 점들을 보충할 수 있다. 거대한 잠재력을 폭발하게 하고 똑똑한 사람을 능가하는 능력을 부여한다. 그래서 성실은 지혜에 불을 붙이는 횃불이자 성공을 보장하는 시금석이다. 타고난 자질이 평범한 사람이 열심히 노력할 각오만 되어 있다면 결국엔 자신의 결점을 보완하고 성공한다.

'세일즈의 신'이라 불리는 하라이치 헤이가 69살 때 한 강연에서 세일즈 비법을 묻는 기자의 질문을 받았다. 그는 자신이 신고 있던 신발과 양말을 벗으며 기자에게 무대로 올라오라고 했다. 그리고 기자에게 자신의 발바닥을 만져보라고 했다. 발바닥을 만져본 기자는 굳은살이 어쩜 이렇게 두껍냐며 놀랐다. 하라이치 헤이는 지그시 웃으며 말했다.

"그것은 제가 남들보다 길을 많이 걷고 남들보다 부지런히 뛰었기 때문입니다."

하라이치 헤이처럼 성공한 사람들은 뛰어난 두뇌 덕분에 성공했다고 말하지 않는다. 성실함이 그들을 성공으로 이끌었다고 고백한다. 성실함이 서투름을 보완하지만 천성이 우둔한 사람에게만 성실함이 필요한 것은 아니다. 현명한 사람, 똑똑한 사람, 재치 있는 사람에게도 성실은 반드시 필요하다. 성실함이 없다면 이들의 현명함과 지식, 재치가 빛을 낼 수 없기 때문이다. 열심히 일하지 않고 성공하는 사람은 없다. 성실은 성공과 부를 얻는 필수요건이다.

누군가 바이올리니스트에게 바이올린을 배우는 데 얼마나 걸리느냐고 물었다. 그는 매일 12시간씩 12년간 쉬지 않고 해야 한다고 답했다. 그가 세계적인 바이올리니스트가 되기까지 얼마나 많은 시간이 들였는지 계산해보라. 운동선수의 경우도 마찬가지이다. 매일 반복적인 훈련이 지루하더라도 참고 견뎌야 한다. 이들에게 "이만큼이면 됐어."라는 말은 통하지 않는다. 늘 한결같은 마인드로 오늘의 시간에 성실하게 임한다. 성공이 성실함에서 시작되기 때문이다.

지혜만 있고 생각과 행동이 게으른 사람은 절대 많은 부를 감당하지 못한다. 하버드대학의 입학 조건도 '성실함과 천재성'이다. 아무리 천부적으로 뛰어난 재능을 타고났더라도 부지런히 머리를 쓰지 않고 움직이지 않으면 절대 목표를 이룰 수 없다.

◆ 나를 바꾸는 하버드 인생 지혜

하버드대학 박사이자 중국 국학의 대가인 자오위엔런趙元任은 "성실과 성공은 한 쌍의 가까운 친구다. 자질이 부족해도 열심히 하면 큰일을 할 수 있다."라고 말했다. 당신이 조금 부족하든, 재치가 남보다 뛰어나든 '성실'이라는 두 글자를 소홀히 하면 안 된다. 만약 더 큰 것을 이루고 싶다면 한 번에 이룰 것을 기대하지 마라. 실제 행동을 통해 차근차근 성취하고 쌓아나가야 한다. 희망의 씨앗을 뿌리고 부지런히 땀방울로 채워야 풍성한 열매가 열린다.

작은 일을 손에 잡고 큰일을 도모하라

미국의 패튼 장군은 제2차 세계대전을 승리로 이끈 인물이다. 하지만 부하들에게 무척 악명 높은 존재였다. 그는 군인의 생활 속 사소한 부분까지 가혹하게 요구했는데 이는 부하들이 신발 끈이 풀려 전쟁터에서 넘어지거나 철모를 제대로 쓰지 못해 목숨을 잃는 일이 없기를 바랐기 때문이다.

1943년 제2사단장으로 임명된 패튼 장군은 부대에 도착하자마자 시찰을 시작했다. 옷이 단정하지 못하거나 모자를 비뚤게 쓰고 단추가 고르지 않은 부하들을 호되게 꾸짖었다. 구두에 먼지가 조금 묻어 있는 것도 허용하지 않았다. 그는 부하들에게 항상 자신의 철모, 총 및 다리 보호대를 잘 간수하고 매일 면도를 해야 한다고 강조했다.

장군의 요구 사항을 들은 교만한 부하들은 하찮은 일에 신경 쓰라는 사단장의 말에 불만을 품었다. 전쟁터에서 용감하게 싸우는 정신을 심어줘도 모자랄 판에 면도나 하라는 말에 코웃음을 쳤던 것이다. 그러나 패튼은 이에 굴하지 않고 자신의 지시를 엄격하게 따를 것을 요구했다. 사소한 부분이라도 무시하는 부하가 있으면 엄격한 처벌을 내렸다. 그렇게 함으로써 제2사단은 미군 중에서 가장 강력하고 전투력이 높은 부대가 되었다. 일상에서조차 최선을 다하는 군인 정신으로 거듭나 전장에서 신중하게 행동했기 때문이다.

우리는 자기의 능력을 사소하고 별 볼일 없어 보이는 일에 소모하지 않으려 한다. 세상을 뒤흔들 큰일에 뜻을 두어야 한다고 생각한다. "목표는 멀리 두어야 하고 반드시 큰 뜻을 품어야 한다"라는 말을 듣다 보면 매우 일리가 있는 것 같다. 하지만 사소한 부분이 결정적인 순간에 일의 성패를 좌우한다.

사소한 부분은 볼품없고 단순한 일처럼 느껴진다. 하지만 이렇게 보잘것없어 보이는 일이야말로 큰 사업의 밑거름이 된다. 소소한 일은 평범하고 재미없게 느껴질 수 있지만 삶에 큰 영향을 줄 수 있다. 작은 부분을 살피지 못하고 대충대충 넘어가는 사람은 자신의 삶을 진지하게 바라보지 못한다. 책임감 있게 일을 마무리할 수도 없다. 건성으로 맡은 일을 처리하는 습관 때문에 삶에 열정까지 잃어버린다. 자연히 더 중대한 임무를 맡을 수 없다.

깊이 생각해보자. 이것저것 잘 빠뜨리는 사람에게 막중한 일을 맡길 수 있겠는가? 작은 일을 소홀히 하는 사람이 어떻게 위대한 사업의 전체 그림을 볼 수 있겠는가? 자기 자신도 돌볼 수 없는 사람이 어떻게 세상을 장악할 수 있겠는가?

사소한 부분이 깨지고 무너지면 전체가 뒤흔들릴 수 있다. 실금이 도자기를 깨트리고 풀뿌리가 바위를 가른다는 사실을 기억하자. 작은 부분까지 챙기고 단속하며 쌓아올린 탑은 비바람에 흔들리지 않는다. 성공도 마찬가지이다.

◆ 나를 바꾸는 하버드 인생 지혜

하버드대학 박사이자 은행가인 데이비드 록펠러는 "예로부터 찬란해보이는 사업은 모두 작은 데서 시작하여 차근차근 쌓아온 것이다. 따라서 큰일을 하려는 사람은 이상을 높고 먼 곳에 두는 게 아니라 현실에 발을 디뎌야 한다."라고 말했다. 한 사람이 큰 야망을 품고 큰 짐을 지려는 마음은 높이 살 만하나, 그저 큰 뜻에만 의미를 두어서는 안 된다. 성공한 인생을 이루기 위해서는 꼼꼼하고 엄밀한 자세를 가져야 한다. 사소한 일을 잘 해내야만 더 큰일을 짊어질 수 있다.

책임은
현명한 자의 방패이다

2001년 5월 20일, 조지 허버트는 가장 위대한 세일즈맨에게 주는 '황금장화상'을 수상했다. 1975년 브루킹스 연구소에서 닉슨 대통령에게 소형 녹음기 한 대를 판 사람에게 이 상을 준 뒤로 줄곧 수여된 적이 없었다. 그런데 조지 허버트가 조지 W. 부시 대통령에게 도끼를 판매하면서 이 상을 수상하게 된 것이다.

1927년에 창립된 브루킹스 연구소는 매 기수 회원이 졸업 전에 영업 실력을 가장 잘 발휘할 수 있도록 독특한 실습 문제를 내는 전통이 있었다. 클린턴 행정부 시절에 낸 문제는 삼각팬티 하나를 현직 대통령에게 파는 것이었다. 수많은 회원들이 이 문제를 놓고 머리를 싸맸지만 결국 아무도 성공하지 못했다.

클린턴 대통령 퇴임 후 연구소는 문제를 조지 W. 부시 대통령에게 작은 도끼 하나를 파는 것으로 변경했다. 이 문제 역시 회원들을 난감하게 만들었다. 사실 대통령은 부족한 게 없고 설령 부족한 게 있다 하더라도 직접 구매하지 않을 게 뻔했기 때문이다.

하지만 조지 허버트는 도끼를 부시 대통령에게 파는 것이 그리 어려운 일이라 생각지 않았다. 그는 대통령에게 편지를 썼다.

"저는 대통령님의 아름다운 농장을 둘러볼 기회가 있었습니다. 그런데 그곳의 나무들이 썩어서 죽어가는 것을 발견했지요. 그 나무를 베기 위해 대통령님께서 도끼가 필요할 것이라고 판단했습니다. 그런데 마침 저의 조부가 죽은 나무를 베기 딱 좋은 도끼를 남겨주셨습니다. 만약 관심이 있으시면 편지에 적힌 주소로 답장해주세요."

그 후에 대통령은 도끼를 사겠다는 답장을 보냈고, 동시에 15달러를 송금했다. 브루킹스 연구소 회장은 조지 허버트의 수상식에서 "이 상은 그 누구도 할 수 없다고 생각해 포기하는 사람이 아닌 그럼에도 절대 포기하지 않는 사람의 것입니다. 우리는 계속 그런 사람을 찾고 있었습니다."라고 말했다.

유명 토크쇼 진행자인 오프라 윈프리는 "비밀이 없다는 게 바로 삶의 비밀입니다. 목표가 무엇이든 기꺼이 희생할 수 있다면 얼마든지 이룰 수 있습니다."라고 말했다.

사람은 태어난 뒤 여러 어려움과 씨름하게 되어 있다. 우리는 걸어나갈 때마다 복잡하게 얽힌 고난과 마주치고 곳곳에서 위협을 느끼기도 한다. 일상생활에서 오기도 하고 일에서도 온다. 어려움 앞에서 도망칠 것인지, 아니면 용감히 맞서 싸울 것인지 선택하는 것은 우리에게 달려 있다. 그 결과가 당신 삶을 결정한다.

고통은 언제나 실패자와 포기자의 몫이다. 어려운 상황에 직면했을 때 자신의 마음가짐이 앞으로 인생에서 어떤 풍경이 펼쳐질지 보게 한다. 어려운 문제에 봉착했을 때 주저앉지 말자. 어려움을 걷어내면 희망이 보인다. 도전의 뒤에는 항상 기회가 있다. 어려운 문제에 용감하게 대처하고 땀과 노력을 기울이면 경쟁과 도전의 승자가 된다.

◆ 나를 바꾸는 하버드 인생 지혜

"스스로 책임지고 도전하라."는 이 문장은 하버드생들이 입학하면서 가장 먼저 배우는 생존 기술이다. 하버드대학은 세계 최고의 명문 대학으로 경쟁의 강도가 그 어느 대학과도 비교할 수 없이 세다. 선별, 양성, 단련은 하버드대학이 인재를 양성하는 통로이다. 그래서 하버드생은 어떤 난제에 부딪쳐도 피하지 않고 어려움에 맞서 용기 있게 도전한다. 도망치거나 주저하면 다시 일어서기 힘들다는 것을 알기 때문이다.

도전하고 또 도전하라

젊은 크리스토 라이언은 뛰어난 건축 설계로 대중의 인정을 받아 윈저시 청사 설계 작업을 맡게 되었다. 그는 공학 지식과 풍부한 실천 경험을 바탕으로 시청의 홀 천장을 기둥 하나로 지탱하게끔 설계했다.

1년 뒤 시청사가 완공되어갈 즈음 시청 고위관리가 공사 진행 현황을 검수하러 왔다. 그는 기둥 한 개만 설계한 것에 의문을 제기했다. 그러면서 무거운 천장을 기둥 하나로 버티는 것은 위험하니 기둥을 몇 개 더 늘리라고 요구했다.

라이언은 근거 없는 의혹이라며 받아들이지 않았다. 자신의 디자인은 흠잡을 데가 없으며, 기둥 하나만 사용해도 홀 전체를 튼튼하게 받칠 수 있다고 강변했다. 그리고 시청 고위관리에게 면밀한 공학 설계를 설명하며 기둥을 추가하라는 요구는 타당하지 않다고 거절했다. 하지만 그의 자신감은 시청 고위관리의 눈에 고집으로 비춰졌다. 그는 기둥을 더 설치하지 않으면 법정에 서야 할 거라고 라이언을 압박했다. 라이언은 어쩔 수 없이 홀 둘레에 네 개의 기둥을 추가할 수밖에 없었다.

그런데 윈저시 청사가 완공된 지 300년이 지난 20세기 후반, 천장을 보수하게 되면서 라이언이 추가로 세운 기둥의 비밀이 밝혀졌다. 그는 자신의 원래 디자인을 지키기 위해 네 개의 기둥을 천장에서 약 2mm 정도 떨어뜨려놓았던 것이다.

이 소식이 알려지자 세계 각국의 유명 건축가들과 관광객이 이 신기한 기둥을 보기 위해 방문하기 시작했다. 그들은 윈저시청에 '아무도 알아보지 못하게 비웃은 건물'이라고 이름을 지어주었다. 더불어 라이언이 중앙의 원기둥 꼭대기에 남긴 글도 유명해졌다.

"진리와 자신감은 단지 하나의 기둥만을 필요로 한다."

현재 크리스토 라이언에 대한 자료는 별로 남아 있지 않지만 몇 가지 자료에 남긴 말로 그의 철학을 엿볼 수 있다.

"100년 뒤, 혹은 그보다 더 오랜 뒤에 여러분이 이 기둥을 마주하게 되면 분명 말문이 막히고 입이 딱 벌어지게 될 겁니다. 제가 후세에 말하고 싶은 것은 단 한 가지입니다. 지금 여러분이 본 것은 어떤 기적이 아니라 자신감을 갖고 끝까지 견뎌낸 저의 의지라는 것입니다."

하버드 출신 작가이자 철학자인 헨리 데이비드 소로우는 "자신감 있게 원하는 방향으로 나아가고 자신이 원하는 삶을 살아라. 스스로 얼마나 격려하느냐에 따라 삶의 법칙도 간단해진다."라고 말했다. 이 명언은 하버드 문화가 되었고 하버드생의 필수 자질이 되었다.

하버드를 졸업한 학생에게 대학에서 배운 가장 중요한 것이 무엇인지 물어보면 '자신감'이라고 당당하게 말한다. 치열한 경쟁사회에서 살아남을 수 있는 비결은 자신감에 달려 있다는 것이다. 학교는 이를 위해 끊임없이 자존감을 올려주며 자아를 성장시키도록 돕는다. 과제물이나 시험에서 자기 성취를 얻으면 그만큼 자신감은 올라가고 성장의 동력으로 작용한다.

살다 보면 끊임없이 자신의 능력이 의심될 때가 있다. 타인과 비교하거나 자신을 검증하고 비하하며 스스로를 괴롭히는 것이다. 절대 해서는 안 될 일이다. 자신을 적극적으로 마주하고 끝없는 용기를 주자. 꾸준히 훈련한다면 얼마 지나지 않아 자존감 높은 사람이 될 수 있다. 더불어 자신감도 충만해진다.

◆ 나를 바꾸는 하버드 인생 지혜

많은 사람이 실패하는 이유는 자기가 가진 보물은 못 보고 악착같이 다른 사람을 부러워하기 때문이다. 성공은 언제나 자신 있게 자기만의 길을 갈 때 열린다. 절대 할 수 없다고 말하지 마라. 그 말이 나오려고 하거든 차라리 입을 다물어라. 이것이 성공에 이르게 하는 첫 번째 요소이다. 스스로 믿고 승리자의 마음가짐으로 살자. 자기 힘으로 인생의 목표를 향해 꿋꿋이 달려가면 반드시 성과를 거둘 수 있다.

포기하지 않는 습관을 길러라

가난한 집안 출신의 콘스탄스는 고등학교 다닐 때 아버지가 사고로 돌아가셨다. 어머니도 몸이 아파서 일할 수 없었다. 학교에 다닐 여건이 안 된 그는 아무런 불평 없이 학교를 그만두고 가족을 부양하기로 했다. 하지만 당시 18살이었던 그는 돈벌기가 쉽지 않았다.

먼저 그는 앞마당 텃밭에 채소를 심었다. 반찬값도 줄이고 장터에 내다 팔면 돈도 벌 수 있을 것 같았다. 하지만 비료를 살 돈이 없어서 야채에 물만 주자, 제대로 자라지 않아서 채소 씨앗 값만 날렸다. 그 다음엔 오리를 키우면 돈을 잘 번다는 말을 듣고 1,000달러를 대출받아 오리를 키웠다. 하지만 얼마 지나지 않아 전염병이 돌면서 오리는 모두 죽어버리고 고스란히 빚만 남게 되었다.

그가 시도한 일들은 이처럼 번번히 실패했다. 하지만 그는 꿈을 버리지 않고 계속 도전했다. 한번은 간신히 중고 트럭을 마련해 석재공장의 돌을 배달하는 일을 시작했다. 그러나 이번에도 그는 운이 없었다. 두 달도 채 일하지 않은 어느 날 밤, 산골짜기로 차가 구르는 사고를 당한 것이다. 다행히 골짜기가 깊은 편은 아니어서 한쪽 다리와 한쪽 팔만 부러졌다.

하지만 그는 어떻게든 활로를 찾으려고 계속 노력했다. 10년 뒤, 산전수전을 다 겪은 그는 마침내 한 회사의 총수가 되었다. 그의 명의로 된 자산은 무려 3억 달러가 넘었다. 많은 사람이 그의 험난했던 경험과 놀라운 창업 여정을 흥미롭게 생각했고 언론도 앞다투어 인터뷰했다.

"콘스탄스 씨, 당신은 지금의 자리에 오기까지 몇십 년이 걸렸습니다. 그 힘든 시간 속에서 어떤 힘이 당신을 지탱해주었는지 궁금합니다."

콘스탄스는 담담하게 대답했다.

"학창 시절 선생님께서 '그 누구도 어쩌다 성공하는 사람은 없다. 성공은 절대 포기하지 않는 개인의 의지에서 나온다.'라는 하버드 명언이 있다고 알려주셨습니다. 그때부터 이 말은 저의 좌우명이 되었습니다. 좌절할 때마다 이 말을 곱씹었습니다. 그래서 아무리 힘들어도 절대 제 꿈을 쉽게 포기하지 않을 수 있었습니다."

나비가 훨훨 나는 모습은 경이롭다. 그러나 알에서 애벌레로, 애벌레에서 고치로 변화하는 과정을 두려워하고 고치를 깨고 나올 의지가 없다면 결코 느끼지 못할 감흥이다.

그 누구도 성공을 쉽게 얻을 수 없다. 마찬가지로 오랜 기간 갈고 닦지 않은 사람은 성공의 꼭대기에 서지 못한다. 꿈을 향해 돌진하는 과정에서 어려움과 좌절은 반드시 겪게 마련이다. 그 과정을 견디며 이기고 버텨내야 성공의 달콤함을 맛볼 수 있다. 부단히 노력하고 오랜 시간 인내하라. 그래야만 당신 인생에 아름다운 풍경이 펼쳐진다.

◆ 나를 바꾸는 하버드 인생 지혜

하버드대학 졸업생인 시어도어 루스벨트는 미국 대통령이 되어 권력의 정상에 섰을 때 "별 볼 일 없는 평범함 속에서도 두각을 나타낼 수 있는 자질이 있다. 이런 자질은 천부적인 것이 아니고 교육을 통해 길러지는 것도 아니다. 필요한 것은 끈기이다. 끈기가 있으면 모든 것을 할 수 있다. 하지만 이것이 없으면 가장 쉬운 목표조차 이룰 수 없다."라고 말했다. 이 성공법칙은 훗날 하버드 교훈 중 하나가 되었다. 꾸준하게 지속하는 것만이 성공의 기회를 배달해준다.

PART 3

좋은 인간관계가 인생을 풍요롭게 한다

Harvard's 100-Year
Traditional Relationship Class

하버드의대 교수 조지 마이넛은 “허물없는 우정이 인생에 기쁨을 주는 키이고 장수의 비결이다.”라고 영국 BBC방송에서 발표했다. 우정은 당신에게 직접 이익을 주진 않지만, 그것은 무형의 자산이며 중요한 순간에 의지할 수 있는 든든한 나무와 같다. “적은 적게 만들고 친구는 많이 사귀라.”는 말은 누구에게나 의미 있는 충고이다.

상대를 배려하면 다른 세계가 열린다

크리스마스 이브날, 한 엄마와 네 살배기 아들은 함께 선물을 사러 나섰다. 거리 곳곳에는 캐롤이 울려 퍼지고 쇼윈도에는 각양각색의 조명이 장식되어 있었다. 변장한 꼬마 요정들도 귀엽게 노래하고 춤추고 있었다. 이 아름다운 광경을 보고도 아들은 계속 얼굴을 찌푸리고 있었다.

"어머, 아가 왜 인상을 쓰고 있니? 이렇게 기분 좋은 날 좀 웃어 봐."

"신발끈이 풀려서 자꾸 넘어질 거 같아서 그래요."

엄마는 쭈그리고 앉아 신발 끈을 묶어주었다. 그러다 고개를 들었는데 놀랍게도 아이의 눈높이에서는 총총히 지나가는 사람들의 다리밖에 볼 수 없다는 사실을 깨달았다. 붐비는 인파에 가려져 예쁜 쇼윈도, 아름다운 조명, 탐나는 크리스마스 선물, 귀여운 요정도 보이지 않았다.

'이건 정말 아니구나. 생각만 해도 끔찍하군.'

엄마는 아들을 안아 올렸다.

우리는 타인의 시각에서 볼 생각을 하지 못한다. 그래서 오해가 쌓이고 갈등이 심화된다. 인간관계에서 얼굴을 붉히고 말다툼의 원인을 찾아보면 생각의 차이, 시각의 차이에서 오는 경우가 많다. 다툼을 피하는 방법 중에는 상대방과 입장 바꿔보기가 있다. 일상생활과 업무에서 타인과 의견이 맞지 않을 때 상대방 위치에서 생각을 해보고 문제를 풀어가 보자. 그래야만 나쁜 감정이 쌓이지 않는다.

상대의 감정을 이해하는 것은 중요하다. 자신의 무심한 실수가 다른 사람에게 상처를 줄지 모른다는 생각으로 매사에 조심해야 한다. 농담으로 한 말이지만 상대가 받아들일 준비가 되어 있지 않다면 해서는 안 된다. 말 한 마디일 뿐이지만 갈등이 되고 오해가 쌓일 수 있다. 행동도 마찬가지이다. 늘 하던 행동도 때와 상황에 따라 신중하게 처신해야 한다. 늘 하던 대로 했는데 상대가 받아들이지 못한다고 투덜댄다면 이는 이기적인 발상이다. 자기 혼자 하는 일이 아니고 대상이나 상대가 존재한다면 우리는 말과 행동을 하기에 앞서 신중을 기해야 한다. 상황은 늘 바뀌며 직면한 문제도 다르다. 그러므로 이 상황과 문제에 맞춰 상대와 교류해야 한다. 자신을 내세우기보다 상대를 배려하는 마음이 절실히 요구되는 이유이다.

상대방의 입장에서 생각하는 것은 자신을 돌아보는 거울이다. 대인 관계를 유지하고 개선하는 중요한 기반이 된다. 때때로 사람은 자신의 위치를 잃어버리고 올바로 인식하지 못한다. 자기 생각만 고수하며 상대의 의견에 신경 쓰지 않는다. 이는 인간관계에 나쁜 영향을 끼친다. 다른 사람의 눈높이와 입장에서 문제를 보고 분석해보자. 다른 시각을 가질 수 있으며 타인을 이해하는 데 도움이 된다. 자신을 개선할 기회가 되기도 한다. 상대의 마음을 제대로 알지 못하면 그의 의중을 알 수 없고 잘못된 상황을 고칠 수 없다. 결국 서로의 관계도 개선되지 않는다.

◆ 나를 바꾸는 하버드 인생 지혜

자기 생각을 남에게 강요하는 사람은 사랑을 느낄 수 없다. 매번 사람들과 의견이 달라서 타격을 받기도 한다. 상대방의 입장에서 생각하는 사람은 타인의 의사를 잘 헤아리며 남을 이해하고 배려하는 마음을 지니고 있다. 그들은 사람 사이에 사랑을 나누고 아름다움을 전하는 사람이다. 그런 사람은 언제 어디서나 환영받고 신임을 받는다.

망설이지 말고 먼저 다가가라

매우 춥고 비가 내리는 날 피카소는 이발소에 갔다. 추위에 떨며 이발소에 들어서는데, 아리아스라는 젊은 이발사가 유명한 화가를 알아보고 다가와 간곡하게 말했다.

"선생님, 이렇게 옷을 얇게 입으시면 안 돼요. 괜찮으시다면 제 옷을 걸치세요."

피카소는 이발사의 배려에 감동했다. 이후 피카소는 매번 이곳에서 이발했고 아리아스와 친구가 되었다. 피카소는 자주 아리아스를 집으로 초대했다. 때로는 아리아스에게 자신의 작업실에서 머리를 깎게 했다. 그리고 그에게 차를 선물하기도 했다.

두 사람은 28살이나 나이 차이가 났지만 우정은 나날이 두터워졌다. 아리아스는 피카소를 '제2의 아버지'로 생각할 정도로 피카소를 존경했다. 누구도 그를 모욕하거나 공격하지 못하게 했다.

피카소는 죽으면서 50점의 그림을 아리아스에게 남겼다. 하지만 그는 그림을 모두 박물관에 기증하였다. 아리아스의 진정 어린 배려는 당대 유명한 화가와 친구가 될 수 있게 했다. 만약 아리아스가 유명한 화가인 피카소에게 부담을 느껴 다가가지 못했다면 소중한 우정을 누리지 못했을 것이다.

어떤 상황이나 어떤 일을 하든 우리는 많은 사람과 다양한 방법으로 만나고 있다. 인맥이 넓을수록 걸어갈 길은 든든해진다. 사람들은 인맥을 넓게 많이 사귈 것인지, 아니면 깊게 몇 사람만 만날 것인지 고민하기도 한다. 그러나 이에 대한 정답은 없다. 문제는 '신뢰'와 '유대감'이다. 몇 명의 인맥을 만나든 진중하고 진실돼야 한다. 많은 사람을 만나도 든든한 지지자를 얻지 못하면 한 사람의 인간관계보다 못 하다.

반면, 대인 관계가 좋지 않으면 성공으로 향하는 길의 굴곡은 심해진다. 자신에게 진심을 보이는 사람도 없고 자신이 신뢰하는 사람도 없다면 삶이 고단하고 힘들어진다. 실의와 좌절에서 손을 내밀어주는 사람, 실패하고 넘어져 있을 때 등을 다독여 주는 사람이 없다면 다시 일어설 용기가 나지 않는다. 자신의 의지도 중요하지만 인간관계에서 형성된 유대는 보이지 않는 든든한 밧줄이 된다. 그만큼 성공으로 가는 길에서 용기를 얻을 수 있다. 더불어 지원과 도움도 만들어진다.

"천만금은 쉽게 얻을 수 있어도 친구는 얻기 어렵다."라는 속담이 있다. 친구를 사귀려면 반드시 적극적인 마음이 있어야 한다. 침묵은 다른 사람의 관심을 끌지 못한다. 주도적으로 행동하지 않으면 절대 다른 사람과 접점이 생길 수 없다.

사람들은 성공에 긴 조건이 붙을 것으로 생각한다. 하지만 성공의 비결을 단순하다. 친구 사귀기를 밥 먹고 옷 입는 것처럼 자연스러운 일로 여기면 된다. 파나소닉의 창업자 마쓰시타 고노스케松下幸之助는 "한 사람의 성공은 곧 그 사람의 대인 관계의 성공이다."라고 말했다. 다른 사람을 알아가는 동시에 자신을 알리는 것은 서로 윈윈하는 일이다.

◆ 나를 바꾸는 하버드 인생 지혜

루스벨트는 "성공의 첫 번째 요소는 인간관계를 잘 맺는 법을 아는 것이다." 라고 말했다. 매우 뛰어나고 특출난 재능을 가졌더라도 자아도취에 빠지지 말자. 다른 사람과 사귀는 법을 배우면서 인맥을 넓힐 때 당신은 성공에 한 발짝 더 다가설 수 있다.

마음을 열면
도울 방법이 보인다

변호사인 로비는 꿈을 이루기 위해 항상 노력하고 애를 쓰는 편이다. 매사에 꼼꼼하게 계산하고 어떤 인적 자원도 낭비하지 않았으며 기회도 놓치지 않았다. 무슨 일이든 항상 앞장서려고 했다. 절대로 다른 사람이 자신보다 한 걸음 앞서 나아가는 것을 허락하지 않았다. 마침내 로비는 자신의 소원대로 로펌의 수석 변호사가 됐다.

명예를 얻는 것과 동시에 소득도 크게 올랐다. 그렇게 명성과 부富를 가졌지만 생각만큼 즐겁지 않았다. 법률사무소의 동료들은 모두 그를 존경했지만 거리를 두고 있었다. 아무도 그와 가까이 사귀고 싶어 하지 않았다. 로비는 마치 사무실 안 외딴 섬 같은 존재였다.

친구를 찾고 즐거움도 찾기 위해 로비는 심리상담소를 찾았다.

심리치료사는 로비의 말을 듣고 최선을 다해 다른 사람을 도우라는 처방을 내렸다. 그는 처방 내용을 이해하지 못해 시큰둥해했지만 그대로 따라했다.

몇 달 뒤 로비가 심리상담소로 다시 찾았을 때 그는 아예 다른 사람이 되어 있었다.

"돌아가서 동료들을 돕다 보니까 점점 동료들도 마음을 열고 저를 받아들이기 시작했어요. 주말마다 함께 놀러가고 파티도 하고, 정말 기분이 묘하네요."

적극적으로 상대방을 돕는 것은 호의를 보이는 표현이다. "오는 정이 있어야 가는 정이 있다."라는 속담에는 세상의 이치가 담겨 있다. 소소한 일 하나라도 도와주면 상대는 고마움을 느끼고 기억하게 된다. 나중에 곤란한 처지에 놓이면 그는 틀림없이 당신을 도와줄 것이다.

그러나 마음을 열지 않으면 무엇을 어떻게 도와야 할지 모른다. 자기중심의 사고에서 벗어나 상대에게 필요한 게 무엇인지 생각해보면 답은 의외로 간단하게 나온다. 따뜻한 위로의 말일 수도 있고 일을 나눠서 하는 업무 분담일 수도 있다. 어느 땐 관심을 보여주는 것만으로도 상대가 큰힘을 받을 수 있다.

만약 상대에게 도움을 받았다면 상대의 도움에 보답하며 서로 관계를 쌓고 신뢰를 구축해야 한다. 가장 쉽게 할 수 있는 방법이 적극적으로 돕는 것이다. 의도적이든 아니든 이런 행동은 상대방의 신임을 얻게 한다. 특히 신입사원이거나 첫 만남이라면 적극적으로 도울 일을 찾아야 한다. 상대와 자연스럽게 친해질 수 있는 계기가 되며 좋은 인상을 남길 절호의 찬스이다.

다른 사람을 만족시키고 행복을 채워주어야 상대방도 함께 행복을 나누고 싶어 한다. 상대방을 만족시킬 때 상대방도 당신에게 만족감을 주고 싶어 한다. 이는 일종의 교감이다. 이 과정을 통해 서로의 감정이 깊어진다.

◆ 나를 바꾸는 하버드 인생 지혜

하버드대학 탈 벤 샤하르 박사는 "친구가 주는 즐거움을 얻으려면 끊임없이 친구에게 즐거움을 주어야 한다."라고 말했다. 서로 도움을 주고받는 것은 대인 관계의 기술이다. 이 기술을 깨닫고 다른 사람과 소통하는 법을 배우면 앞으로 더 넓은 인맥을 갖게 될 것이다.

인간 존중은 인생 최고의 미덕이다

전 하버드대학 총장 로렌스 서머스는 겸손과 신중으로 사람을 대하고 그 누구도 무시해서는 안 된다고 생각했다. 그는 항상 학생들에게 "캠퍼스에서는 동기들과 선생님을 존경하고, 일상에서는 친구와 부모를 존중하며, 직장에서는 상사와 동료를 존중해야 한다."라고 가르쳤다.

세상에는 존중받지 못할 사람이 없다. 지금은 자신과 상관없는 사람이 언제 어떤 인연으로 마주할지 모를 일이다. 누구를 만나든 자신의 위치나 권위를 내세우지 말고 무조건 존중해야 한다.

《초한지》에 나오는 소하는 성공한 투자자이다. 당시 유방은 패현沛縣을 다스리는 장이었을 뿐 이렇다 할 배경이 없는 작은 인물이었다. 그럼에도 소하는 유방의 비상함을 알아보았다. 때가 되면 유방이 반드시 용이 되어 날아오를 것이라고 믿었다.

어느 날 유방은 부역하려는 사람들을 데리고 함양으로 떠나려 했다. 출발 전에 각 마을의 관리들은 모두 유방에게 세 닢을 주었지만, 소하는 다섯 닢을 주며 자기 마음을 보여주었다. 당시로서는 엄청난 표시였고 당연히 유방도 이를 알아챘다.

유방은 황제에 오른 뒤 소하에게 재상 직책을 내리고 개국 공신으로 삼았다. 소하의 가문도 높여주었다. 훗날 유방은 "이것은 내가 함양에서 군 복무를 할 때 받은 은혜를 갚기 위한 것으로, 소하만이 나에게 두 닢을 더 주었다."라고 말했다. 소하의 장기적인 '다크호스' 투자가 효과를 톡톡히 봤다는 점에서 그의 관찰력과 관계를 맺는 능력이 뛰어나다는 것을 알 수 있다.

결과가 나오기 전에는 그 누구도 절대적인 승리자라고 말할 수 없다. 별 볼 일 없어 보이는 사람도 승자가 될 수 있다. 상대적으로 작아 보이는 사람들 중에도 더욱 교제할 가치가 있는 사람이 숨어 있다. 혹자는 별 볼 일 없어 보이는 사람들 중 다크호스는 더 큰 가치를 지니고 있다고 말한다. 그들이 어떤 꿈을 꾸며 현재의 상황을 이겨내고 있는지 모를 일이다. 그들의 가치를 당신이 섣불리 판단해서는 안 된다. 단지, 그가 유능한 사람이 되거나 성공할 것이기에 존중해야 하는 것은 아니다. 사람에 대한 어떤 편견도 없이 존중하며 대하는 사람은 매사에 자신을 낮추고 겸손하게 자신을 돌아볼 줄 아는 사람이다. 그로 인해 성공으로 가는 길에서도 자신을 과시하지 않는다. 이들은 자신의 공을 주위 사람에게 돌리며 신뢰를 얻는다. 협력자나 동료를 존중하고 인정해주면 자신의 격이 올라간다는 사실을 잘 알기에 실천하는 것이다.

자기 주변에 있는 사람부터 존중하자. 가장 가까이 있고, 또 친한 사이라도 함부로 말하고 인격이 없는 사람처럼 취급해서는 안 된다. 비록 실수를 자주하고 능력이 부족한 사람일지라도 감싸주고 존중해주자. 작아 보이는 사람일지라도 존중하고, 우수한 자질과 장점을 지닌 인물들과 사귀어야 한다. 그럼으로써 높은 자질과 수양을 기르고 미래 성공을 위한 발판이 마련된다.

◆ 나를 바꾸는 하버드 인생 지혜

이 세상에 무시할 사람은 아무도 없다. 나이와 빈부귀천貧富貴賤을 떠나 사람들은 모두 소중하다. 다른 사람을 존중하고 똑같이 대할 줄 아는 사람이야말로 모두의 존중과 신뢰를 얻는다.

먼저 이해하면 호감을 선물 받는다

성탄절 전날, 미국의 어느 작은 마을에서 걸인들이 모여 파티를 벌였다. 그들은 일 년 동안 자신들에게 은혜를 베푼 사람 중 한 사람 뽑아 '착한 천사'의 상징인 화환을 주었다.

투표가 시작되자 돈을 많이 준 공장주, 맛있는 빵과 야채수프를 아낌없이 준 식당 주인, 무료로 진료해준 덕망 높은 의사 등이 거론됐다. 서로 의견이 엇갈리고 논쟁이 멈출 기미가 안 보일 때 절뚝거리는 한 소녀가 일어나 "샐리 아줌마가 착한 천사가 되는 게 맞는 것 같아요."라고 말했다. 소녀의 말이 끝나자 누군가가 되받아쳤다.

"그 가난뱅이? 그녀는 나에게 1센트도 주지 않고 빵 한 조각도 준 적이 없어!"

소녀는 침착하게 설명했다.

"그건 아줌마도 돈이 없기 때문이에요. 하지만 아줌마는 우리에게 돈으로 살 수 없는 것을 주었어요. 아줌마는 매번 제 옆을 지나갈 때마다 미소를 지으며 줄 수 있는 게 아무것도 없어서 미안하다고 말했어요. 아줌마는 우리에게 미소와 존경을 줬고, 그건 우리에게 가장 필요한 거죠. 누구도 준 적이 없는 것이에요. 그런데 소중하지 않을 수 있을까요?"

소녀의 말에 거지들은 침묵에 빠졌다. 잠시 후 뜨거운 박수가 쏟아졌고, 가난한 샐리 아줌마에게 착한 천사의 화환을 선물하자고 결론을 내렸다.

사람들은 걸인에게 필요한 것은 돈이나 음식일 뿐이라고 섣불리 판단한다. 하지만 그들에게 진정으로 따뜻함을 전하고 인격적 존중을 보여줄 수 있어야 한다. 그들도 부유한 사람과 마찬가지로 존엄성을 가지고 있다. 그들의 삶 자체를 무시해서는 안 된다. 소녀가 말했듯 미소와 존중은 돈으로도 살 수 없다. 누구에게나 필요한 것이 있지만 사람에 따라 필요한 것은 완전히 다를 수 있다. 가치관이나 대상을 바라보는 관점에 따라 필요의 정도가 달라진다.

자신을 인정하지 않는 사람들의 취향을 탓하지 마라. 무슨 이유에서건 이유없이 적개심을 드러내거나 냉대하는 사람도 있다.

이전의 인간관계의 경험에서 오는 트라우마일 수도 있고 서로 잘 알지 못하기에 견제하는 것일 수도 있다. 하지만 이와 같은 반응을 보여서는 안 된다. 당황하지도 마라. 사람마다 대하는 방법이 다르다고 여기자.

분명한 것은 자신의 목적이 무엇이냐에 따라 혹은 그 사람과의 유대감을 형성하기 위해 그의 성향에 맞춰 자신의 언행을 주의해야 한다. 그렇지 않으면 자신이 원하는 방향으로 일이 진행되지 않는다. 이른바 "시기와 상황을 파악할 줄 아는 자는 걸출한 인물이다."라는 말처럼 때와 상황에 맞게 표현하고, 타인의 신뢰를 얻어야 한다.

다른 사람을 이해하는 것은 대인 관계에서 매우 중요하다. 서로의 생각과 취향을 잘 이해하고 존중한다면 상대에게 좋은 인상을 남길 수 있다. 거기서부터 우호적인 관계가 시작된다. 일단 상대방이 당신에게 호감을 가지면 다음 일이 순조로워진다.

◆ 나를 바꾸는 하버드 인생 지혜

하버드대학 MBA 과정을 졸업한 헤드헌터인 오카지마 에츠코는 "타인의 흥미를 이해하고 그 사람의 비위를 맞출 줄 알아야 상대방과 소통과 교제할 수 있는 계기가 생긴다."라고 말했다. 다른 사람을 배려하고 존중해 상대방이 관심 있어 하는 일로 소통한다면, 상대방은 당신의 세심함에 고마움을 느낀다. 진정성에 감동해 당신을 마음 깊이 받아들이고 인정한다.

상대의 결점에 침묵하라

링컨은 젊었을 적에 시를 지어 다른 사람들을 풍자하는 걸 즐겼다. 그리고 종이에 적어 사람들이 자주 다니는 곳에 두고 쉽게 발견할 수 있도록 했다. 남의 잘못을 비꼬며 통쾌함을 느끼고 상대가 화내는 모습에 재미를 느꼈다. 그러나 한 사건을 계기로 함부로 남을 비판하는 버릇을 버리게 됐다.

어느 해 가을 정치인 제임스 힐이 거만해지자 링컨은 그를 조롱하는 글을 써서 〈스프링필드 데일리 뉴스〉에 실었다. 이 글은 아주 빠르게 퍼졌고 힐은 일순간에 사람들의 조롱거리가 되었다. 자신에 대한 자부심이 강했던 힐의 분노는 하늘을 찔렀다. 그는 편지를 쓴 사람을 백방으로 조사했다. 그러다 범인이 링컨임을 알고 결투를 신청했다. 링컨은 결투를 하고 싶지 않았지만 그의 기세에 눌려 어쩔 수 없이 도전을 받아들였다.

링컨은 며칠간 괴로워하며 화해할 방법을 궁리했다. 한편으론 무기를 준비하고 검술을 익혔다. 결투 날이 되자 링컨은 힐과 미시시피강에서 만났다. 두 사람이 결투 준비를 하던 찰나 누군가 달려와서 그들을 만류한 덕분에 간신히 비극을 피할 수 있었다.

이 일은 링컨이 가장 가슴 졸인 사건이었다. 이를 계기로 링컨은 다른 사람들과 어울리는 법을 알게 됐다. 그날 이후 편지나 글로 다른 사람을 비판하지 않았고, 다른 사람의 결점과 잘못을 발견하더라도 직접 지적하지 않았다. 대신 완곡한 방법으로 상대방이 스스로 문제를 깨닫도록 했다. 상대방의 체면을 지켜주면서 자신의 의견을 정중하게 첨언하는 방법을 선택한 것이다.

사람의 심리는 간교해서 자신의 경쟁 상대가 바보처럼 보이면 자신이 더 나아보인다고 생각한다. 그래서 상대의 결점, 단점, 상처, 약점을 들춰내며 남들이 이를 알아채기를 원한다. 그에게 실망하고 호감을 철회하도록 만들어 자신의 지지 기반을 넓히려는 속셈이다. 언뜻 들으면 타당한 것 같지만 굉장한 위험성을 내포하고 있다. 그 위험성은 당신의 인간관계에 핵폭탄이다. 한 번 터지면 수습하기도 어렵고 그 위력에 당신은 나락으로 밀려날 수 있다. 약점을 공격하는 비열한 사람이라고 낙인찍힐 뿐이다. 배려심 없고 상대의 약점을 도구화하는 이기적인 사람이라는 인상만 남긴다. 차라리 상대의 결점에 침묵하자.

우리는 세상을 살아갈 때 상대의 부족함을 보더라도 말하지 않는 이치를 깨달아야 한다. 난처한 상황에 빠진 사람의 체면을 적절히 살려준다면 호감을 얻을 수 있다. 내가 상대를 대하는 태도는 상대가 나를 대하는 태도를 결정한다. 다른 사람의 신임을 얻고 싶다면 결점을 묵인해주는 지혜가 필요하다.

자기 말의 여파가 어떤 결과를 가져올지 생각하자. 정말 다른 사람의 결점을 말해야 한다면 그 사람에게 직접 말하라. 관계없는 다른 사람에게 전달하고 악용되는 일은 막아야 한다.

◆ **나를 바꾸는 하버드 인생 지혜**

다른 사람과 교제할 때 좋은 말을 하면 상대방도 반드시 좋은 말을 들려준다. 만약 상처를 들추는 것을 낙으로 삼으면 상대방도 당신에게 고통을 줄 것이다. 다른 사람의 체면을 세워주고 남을 위해 언제든 손을 내밀 마음을 가진다면 상대방도 당신을 위해 언제든 손을 내민다.

약속을 지키는 일보다 중요한 일은 없다

하버드대학에서 신뢰에 관한 심각한 문제가 발생한 적이 있었다. 학기가 끝날 때쯤 학생들에게 한 과목의 오픈북 시험을 집에서 보게 하고 개학 후에 일괄적으로 제출받았다. 교수는 채점하다가 절반 정도의 학생들 답이 같은 것을 발견했다. 학교에서는 이를 학생들이 서로 의논해서 시험을 푼 것으로 보고 부정행위에 해당된다고 판단했다.

하버드대학은 이번 부정행위에 연루된 학생 60명을 휴학시키고, 나머지 30여 명의 학생은 학교에 다닐 수는 있지만 관찰 대상으로 관리했다. 휴학을 통지받은 학생들은 2~4학기 후 행정 이사회에 복학을 신청할 수 있었고, 이사회에서 만장일치로 허락해야 복학할 수 있게 했다. 동시에 '가문의 불명예'를 세상에 공개했다.

이 사건과 관련해 학교 공식 성명은 "학문적 진실성은 교육의 핵심 가치이고, 하버드는 이를 매우 중시하며 학문적 부정행위를 결코 용납할 수 없다."라고 밝혔다. 드루 길핀 파우스트 하버드 총장도 "이번 사건은 하버드생 한 명 한 명이 하버드대학 학업의 기본 가치를 이해하고 준수하도록 여전히 더 노력해야 한다는 것을 보여주는 것이다."라고 말했다.

하버드대학 같은 일류 대학이 신뢰에 그토록 까다롭게 요구하는 것은 믿음이 그만큼 중요하기 때문이다. 신뢰는 때로 민족과 국가의 존엄성까지 높인다.

신용은 개인뿐 아니라 국가의 존엄과도 직결된다. 개인이나 집단, 그리고 국가의 신용은 품격의 꼬리표이다. 신용을 지키는 사람은 상호 관계에서 언제나 믿음을 준다. 거짓말을 하지 않을 것이라는 믿음이 생기고 약속이 지켜질 것이라는 든든함도 가질 수 있다. 그러나 신용을 중시하지 않는 사람이나 단체는 교제를 시작하는 초반에 신뢰 관계를 무너뜨린다. 관계가 지속될수록 고통을 당하든지 시행착오를 겪는다. 신뢰는 사람과 사람이 관계를 맺는데 버팀목이다. 버팀목이 튼튼하지 않으면 다른 사람이 당신과 함께할 수 없다.

약속을 지키는 사람은 어떤 어려움 속에서도 반드시 약속을 지킨다. 약속을 지키려는 책임은 무수한 기적을 만들어낸다. 그런 사람의 모습은 매력적이다. 약속을 어기지 않을 것이라는 믿음이 그를 따르게 만든다. 설령 약속을 지키지 못하는 상황이 되더라도 핑계대거나 변명으로 일관하지 않고 마음을 다해 사과한다. 그러면 상대방은 불가피한 상황을 이해하게 된다. 하지만 약속을 번복하거나 지키지 못할 약속을 남발하는 사람에게는 겉으로는 그를 믿는 척해도 속으로는 절대 신뢰하지 않는다. 그리고 언제나 선약이 먼저다. 나중에 더 중요한 일이 생겼다고 그 약속을 번복한다면 상대도 약속을 건성으로 하게 된다.

약속을 잘 지키는 사람은 인생이 신뢰의 빛으로 반짝인다. 복잡하고 변화무쌍하며 경쟁이 날로 치열해지는 사회에서 인생을 잘 살아내는 중요한 키워드는 바로 신용이다. 신용이 없는 사람은 한두 번의 요행으로 고비를 넘길 수 있겠지만 시간이 흐를수록 인심을 잃는다. 그로 인해 사회에 발붙이기 어렵게 된다.

◆ 나를 바꾸는 하버드 인생 지혜

심리학자 엘린 카셀러는 "성실은 한 개인의 높은 자중과 내면의 안정감, 존엄성을 보여주는 힘의 상징이다."라고 말했다. 신용은 사람과 사람이 교제를 이루는 기초 원칙이다. 사람과 사람의 마음을 이어주는 다리이며, 사람 간에 우호적인 관계를 세우는 버팀목이다.

다른 사람을 도울 기회를 소중히 여기라

훗날 진나라 재상이 된 여불위는 원래 재산이 많은 거상이었다. 하지만 봉건 사회에서 상인의 지위는 형편없이 낮았다. 그는 자신이 가진 경제력과 신분이 맞질 않아 무척 불만스러웠다. 여불위는 자신의 운명을 개척하기 위해 정치인이 되고자 했다. 그러나 상인이 국정에 참여하기란 쉽지 않았고 들어갈 방법이 없었다.

어느 날 그는 사업차 조나라에 방문했을 때 한 주점에 들렀다. 마침 술값을 내지 않는 손님과 주인이 시비가 붙어 싸우고 있었다. 사람 사귀는 것을 좋아하는 여불위는 즉시 손님 대신 술값을 지불해준 뒤, 그 손님과 술집에서 술잔을 기울였다. 여불위는 이 초라한 사람이 인질로 잡혀온 진나라 왕자 자초임을 알고 크게 기뻐했다.

자초는 실의에 빠져 있었고 조나라에서 온갖 조롱과 능욕을 당하고 있었다. 그런 그를 위해 가진 것을 나눠주는 사람은 없었다. 그런 자신을 알아준 사람은 여불위가 처음이었다. 여불위는 자초의 어려움을 알고 진나라 왕에 오를 수 있도록 도와주고 싶다고 했다. 여불위의 목적은 매우 분명했다. 자초의 힘을 빌려 정치를 해보려는 심산이었다.

여불위는 자국에 돌아와서도 자초에게 돈을 보내며 진나라로 돌아올 수 있도록 도왔다. 더불어 자식이 없는 진나라의 태자 안국군安國君과 화양부인華陽夫人을 설득해 서자인 자초를 양자로 삼게 했다. 시간이 흘러 진나라 왕이 죽자, 자초가 뒤를 이어 진나라 왕이 되었고 여불위는 공로를 인정받아 재상에 올랐다.

여불위는 남을 잘 돕는 성격이었다. 그래서 곤경에 처한 자초도 자진해서 도왔던 것이다. 그가 진나라 왕자라는 것을 알게 된 후에는 의도적으로 관계를 돈독히 하며 자신에게 온 소중한 기회를 놓치지 않았다.

남을 도울 때는 손익을 따지지 말고 베풀어야 한다. 선의로 남을 도움으로써 상대방의 호감을 살 수 있다. 불쌍하거나 도움이 필요한 곳에 손을 내밀어주는 것은 사람들의 도덕 반응이다. 비록 당신이 무심하게 도움의 손길을 내밀지라도 상대방은 위대한 감동으로 받아들인다.

마음이 풍요로운 사람은 항상 상대방을 도울 기회를 잘 포착한다. 남을 돕는 한 번의 손길로 인생의 전환점을 맞기도 한다. 남에게 너그럽게 대하고 온정을 베푸는 사람은 대부분 포용하는 인자한 마음을 가졌기 때문이다. 그들은 요행을 바라고 남을 돕지 않는다. 오로지 타인에 대한 배려와 이타심이 남을 돕도록 유도하고 행동을 이끄는 것이다.

남을 돕는 것은 인간관계를 맺는 중요한 수단으로 당신이 다른 사람에게 도움을 줄 때 자신도 모르게 그와 신뢰 관계가 형성된다. 관계의 본질은 서로 가진 것을 나누는 것이다. 당신이 가진 것을 나눌 때 상대방의 마음까지 얻는 효과가 나타난다.

◆ 나를 바꾸는 하버드 인생 지혜

하버드대학 연구에 따르면 "다른 사람을 많이 돕는 일이 자신을 더 즐겁게 만든다."라고 했다. 그래서 하버드생들은 남을 돕는 것을 자기감정을 충족시킬 하나의 방법으로 여긴다. 사람을 돕는 것이 기쁨의 원천이므로 흡족함과 만족을 얻을 수 있다고 말한다. 남을 도우면 상대에게 감사와 존경을 얻는다. 그로 인해 자신의 인맥도 쌓을 수 있다. 남을 도울 기회를 소중히 여기자. 그 기회를 통해 더욱 발전하게 된다.

PART 4

시간은 가장 소중한 자산이다

✦ ✦ ✦

시간은 세상에서 가장 귀한 재산이다. 어떤 일을 하든 시간이 없으면 아무리 계획이 좋고 목표가 엄청나고 그것을 이룰 능력이 있더라도 무용지물이 된다. 시간을 낭비하는 것은 생명을 낭비하는 것과 같다. 시간을 사용할 줄 모르는 사람은 절대 성공하지 못한다.

시간이 흘러가는 것을 늦출 수는 없지만 시간을 소중히 여길 수는 있다. 시간을 효과적으로 사용하자. "시간을 소중히 하라."는 교훈은 아무리 강조해도 지나치지 않는다.

시간관리의 허점은 용서되지 않는다

18세기 프랑스 계몽사상가 볼테르는 사람들에게 수수께끼를 냈다.

"세상에서 가장 길지만 짧고, 가장 빠르지만 느리고, 나뉘어 있지만 가장 크며, 가장 무시당하지만 가장 사람을 안타깝게 만들며, 이것이 없이는 아무것도 할 수 없고, 모든 작은 것들을 사라지게 하고, 모든 위대한 것들이 계속 살아 있게 하는 것은 무엇일까요?"

사람들은 정답을 찾지 못했다. 볼테르는 지그시 웃으며 답을 설명했다.

"가장 긴 것은 시간입니다. 무궁무진하기 때문이죠. 가장 짧은 것도 시간입니다. 많은 계획이 시간이 부족해서 실현되지 못하기 때문이죠. 기다리는 사람에게는 시간이 가장 느리게 가는 것처럼 느껴질 것이고, 즐거운 사람에게는 시간이 너무 빠르게 갈 것입니다. 시간은 무한히 발전할 수 있고, 또 끝없이 나눠질 수 있습니다. 현재에 있으면 누구도 중요하게 여기지 않지만, 나중에는 시간이 지나간 것에 안타까움을 표합니다. 시간이 없으면 아무것도 할 수 없지요. 후세가 기억하지 않아도 되는 것들은 시간이 흐름에 따라 잊히고 위대한 업적은 시간이 지나도 영원히 남아 있습니다."

스위스의 박물관에 있는 오래된 시계에는 "시간의 발걸음을 쫓아가다 보면 당신은 결코 가만히 있을 수 없을 것이다."라는 문구가 새겨져 있다. 인류의 과학 기술 발전사를 살펴보면 각종 발명은 시간을 절약하기 위해 진행했다는 것을 알아챌 수 있다. 기차가 마차를, TV가 극장을 대신하고 컴퓨터, 레이저 등은 모두 시간을 단축시키기 위한 도구이다.

인간의 욕구는 자신이 하던 일을 더 쉽고 빠르게 해결할 수 있기를 바란다. 기술이 여기에 부응해 발명된 제품들이다. 업무를 단순화하고 이동하지 않아도 일처리할 수 있는 온라인은 시간 절약 측면에서 본다면 획기적이다. 극장에 가지 않아도 영화를 보고 은행에 가지 않아도 송금이 가능하니 유용함을 뛰어넘어 사회를 변화시키고 있다. 시간의 단축이 이끌어낸 산업 발전이다.

꽉 붙잡을 수도, 재창조될 수도, 저장할 수도 없는 시간이기에 이용에 있어서 간절한 마음이 작용하는 것 같다. 무한대 시간에 비해 사람의 수명은 극히 제한되어 있다. 사람의 일생은 시간을 소모하는 과정이지만 사람마다 시간을 쓰는 방법은 다르다.

시간을 아끼는 것은 곧 생명을 소중히 여기는 것이다. 백발이 되어서야 생명의 소중함을 깨닫지 마라. 늙고 쇠약해져 세상을 살아갈 시간이 얼마 남지 않았을 때 지나간 시간을 안타까워하고 후회한들 무슨 의미가 있겠는가. 지나간 시간을 후회하는 일만큼 자신이 원망스러울 때도 없다.

벤자민 프랭클린은 "기억하라, 시간은 돈이다."라는 말로 시간을 중시해야 인생에서 성공할 수 있다는 이치를 명쾌하게 설명했다. 우리는 빠르게 변화하는 시대에 살고 있다. 시간을 효율적으로 사용하며 시간의 주인이 되어야만 성공할 수 있다. 당장 지금과 오늘을 값지게 살아내야 한다.

성공 여부는 시간을 대하는 태도에 달려 있다. 합리적인 시간 관리 원칙을 세우고 목표에 맞는 시간표를 만들자. 명확한 목표가 있다면 더 알차게 시간을 관리할 수 있다. 목표 없이 생활하면 시간도 그저 목적 없이 흘러가버린다. 시간 계획을 세웠다면 일정 간격을 두고 스스로 점검해보자. 그렇게 해야 시간 관리의 문제점이 보인다.

◆ 나를 바꾸는 하버드 인생 지혜

지금 졸면 꿈을 꾸고, 지금 공부하면 꿈을 이룬다. 하버드대학 교수들은 "시간을 올바로 대하고 인생의 1분이라도 충분히 활용할 수 있다면 여러분은 반드시 꿈을 이룰 수 있을 겁니다."라고 말한다. 삶에서 우리가 가진 시간은 짧지만 여유의 1분, 1초를 의미 있게 활용하면 하루가 다르게 진행된다.

효율적인 일에
집중하라

브라이트먼은 시애틀에 본사를 둔 글로벌 기업 직원이다. 대학을 졸업하자마자 그녀는 순조롭게 입사했다. 똑똑하고 일솜씨가 좋아서 사원에서 사장의 어시스턴트로 승진하였다. 그 뒤에도 그녀는 끊임없이 노력했다. 업무처리를 미루는 법이 없었고 시간도 효율적으로 사용했다. 늘 당당하고 자신감 넘치는 그녀를 동료들도 매우 좋아했다. 업무적 고민이 있거나 해결되지 않는 문제에 직면하면 그녀에게 도움을 청했다.

열정적인 브라이트먼은 도움을 청하는 전화를 받을 때마다 그들이 일하면서 겪는 문제를 해결할 수 있도록 적극적으로 도왔다. 그러다 보니 점점 본연의 업무에 전념할 수 없게 되었다. 업무에 차질이 생기자 사장은 과도하게 남의 일에 조언하지 말라며 비판했다.

"당신이 상담해주는 동료와 친구, 선후배의 업무에는 많은 도움이 되고 있지만 자신의 업무에 지장이 생긴다면 안 하는 것보다 못하지요."

이런 사장의 말을 듣고도 그녀는 그들을 돕는 일을 멈출 수 없었다. 나중에 만나면 면목이 없을 것 같아서 거절하지 못했다. 대신 그녀는 상담해주느라 자신이 잃어버린 시간을 채우기 위해 매일 바쁘게 움직이며 늦게까지 일했다.

어느 날, 사장이 전화를 걸었는데 브라이트먼의 전화가 계속 통화 중이었다. 그녀가 받지 못한 전화는 회의에 참석해 중요한 계약을 협의하자는 전화였다. 결국 사장은 전화가 연결되기까지 30분 이상을 기다려야 했다. 그녀가 남의 고민을 들어주며 비효율적인 일을 하고 있었기 때문이다.

결국 그녀는 능력이 출중하고 일을 열심히 하지만 어떤 일이 자기 몫이고 어떤 일이 비효율적인지 알지 못하는 것 같다며 해고당했다. 사장은 그녀에게 효율적인 일에 전념할 수 있는 사람이기를 바란다고 덧붙였다. 나중에 이 회사에는 채용 면접에 질문 하나가 추가됐다.

"당신은 어떤 일이 효율적인 업무라고 생각하십니까?"

다른 사람과 차별되고 싶다면 원칙을 지키면서 끊임없이 배우고 새로운 지식을 얻어야 한다. 스스로에게 오늘 컨디션이 어떤지, 집중해서 일할 자신이 있는지 묻자. 자신이 하고 있는 일에 자부심을 가져야 한다. '이게 인생에서 가치가 있는 일인가?'라고 질문하고 답을 구하자. 만약 판단에 자신이 없다면 자문을 구하거나 사례를 찾아보며 자신만의 효율적인 방법을 창안해야 한다.

만약 현재 컨디션이 좋지 않거나 어떤 매달리는 일이 시간낭비라고 느껴진다면 과감히 그 일을 덮어두자. 억지로 하면 대충하게 되어 효율이 떨어진다. 당연히 성공 확률도 낮아진다. 스트레스가 쌓이고 아까운 시간과 노력만 낭비하게 된다. 이게 바로 '불필요한 법칙'이다. 불필요한 법칙의 피해자가 되지 않기 위해서는 반드시 효율적으로 접근하여 무의미한 행동을 하지 않아야 한다. 사람이 집중할 수 있는 최대 시간은 평균 90분이라고 한다. 하지만 모든 사람의 집중 시간이 90분인 것은 아니다. 어떤 일에 집중하느냐에 따라 집중 시간에 영향을 미친다. 만약 어떤 사람이 자신의 업무에 꽤 관심이 있다면 그는 두세 시간 동안 높은 효율을 유지하며 일할 수 있다.

시간을 합리적으로 계획하자. 가장 중요하고 효율적인 일에 자신의 힘을 최대한 쏟아야 한다. 특히 공부와 일을 특출나게 잘하고 싶은 사람은 더욱 그렇다.

◆ 나를 바꾸는 하버드 인생 지혜

하버드대학 어느 노교수는 학생들에게 "공부할 것들을 산봉우리라고 치면 과학적인 방법은 그 산봉우리에 오르는 지름길과 같다."라고 말했다. 효율적인 일에 집중하지 못하면 의미 없는 일들을 많이 하게 된다. 노력하고 땀 흘리지만 결국 헛수고가 된다. 그러므로 공부를 잘하려면 성과 있고 의미 있는 일에 집중해야 한다.

미루기는 시간 도둑이다

샌더스 대령은 미국 KFC 창시자로 창업 당시 60대 중반이었다. 그는 무일푼으로 생활하면서 적은 연금으로 연명하는 우울한 상태였다. 그러나 하늘을 원망하는 대신 남은 일생 무엇을 할 수 있을까 생각했다. 고심 끝에 자신의 재능은 치킨을 맛있게 튀긴다는 것임을 알았다. 그는 치킨 비법을 식당에 팔면 장사가 잘될 것이고 자신도 상당한 수입을 얻을 수 있다고 판단했다. 샌더스는 떠오른 생각을 바로 실천했다. 그는 식당을 방문해 자기 생각을 전하며 "저에게 치킨 비법이 있는데 맛이 좋습니다. 만약 이 비법을 쓴다면 장사가 더욱 잘될 것이고, 저는 늘어난 매출에서 수익을 얻으면 됩니다."라고 말했다. 하지만 대부분의 식당에서 거절했다.

"이 보시오, 그리 잘될 것 같으면 당신이 직접 식당을 차리면 되지 무엇 때문에 그 비결을 남에게 팔려고 하시오?"

하지만 이런저런 비아냥에도 샌더스는 자신감을 잃지 않고 곧바로 다음 행동을 취했다. 그는 더욱 세심하게 준비하여 2년 동안 고물차를 몰고 무려 1,008 군데나 돌아다니며 거절당했다. 마침내 그 비법을 적용해보겠다는 젊은 식당 주인을 만났다. 1,009번째 시도에서 이뤄낸 성공이었다.

우리는 자신을 독려하며 계획에만 그칠 수 있는 일들을 하나하나 실행해 나가야 한다. 미국 작가 오그 만디노는 항상 자신에게 '실천해야 해, 실천해야 해.'라고 마치 숨쉬는 것처럼 반복했다고 한다. 그 결과 눈을 깜빡이는 본능처럼 계획을 행동으로 자연스럽게 옮길 수 있었다. 자기만의 실행력을 갖추도록 자신만의 방법을 사용하면 좋다. 나태해지려는 자신을 잡아주고 행동하는 실행력을 키울 수 있는 자극이면 좋다. 하루하루 실행이 쌓이면 성과가 나타나고 결과적으로 성취감까지 맛볼 수 있다.

아무리 좋은 계획도 자꾸 미루다 보면 너무 많은 시간을 허비하게 된다. '오늘이 안 되면 내일하면 되지.'라는 생각이 당신 인생에 할당된 시간을 좀 먹는다. 매분 매초를 아끼고 시간을 허투루 보내지 않아야 한다. 휴식과 여유의 시간을 가지지 말라는 말이 아니다. 의미 있는 휴식과 여유는 반드시 필요하다. 다만, 휴식을 핑계로 시간을 허투루 쓰지 말라고 경고하는 것이다. '잠깐'이 모여 한 시간이 되고 금세 한 달이 흐른다. 시간은 잡을 수 없기에 마냥 흘러가게 두어서는 안 된다.

사람들이 실패하는 데 가장 큰 이유 중 하나는 일 처리를 자주 미루기 때문이다. 미루는 것은 성공한 사람들이 가장 꺼리는 태도이며 시급히 고쳐야 할 악습이다.

성공한 사람들은 시간관념이 정확하다. 막연히 결과를 꿈꾸며 다음 순간에 희망을 걸지 않는다. '바로 지금'이 가장 중요하다고 여긴다. 모든 성공은 이 순간에서 시작된다. '다음'은 영원한 꿈이자 환상에 불과하다. 너무 많은 내일이 있을 거라고 기대하지 마라. 미룰 수 있는 1분이 오지 않을 것처럼 여겨야 한다.

성공을 원한다면 과감하게 실천하자. 더 많은 자기 통제력과 자아실현 능력으로 하고 싶은 일을 반드시 제일 먼저 실행에 옮겨야 한다.

◆ 나를 바꾸는 하버드 인생 지혜

오늘 할 수 있는 일을 내일로 미루지 마라. 우리 생활에서 '미루기'라는 시간 도둑을 완전히 몰아내야 한다. 오늘 당장 실천하고 마무리하는 습관을 기르자. 오늘 일을 내일로 미루면 허송세월할 뿐이다.

자기만의
시간 운용 법칙을 만들자

미국 보스턴대학 교수 알렉산더 벨이 전화기를 만들던 때 엘리샤 그레이도 같은 연구를 하고 있었다. 두 사람은 거의 동시에 발명에 성공했지만 벨이 그레이보다 2시간 먼저 특허 출원을 신청했다. 이 2시간이 벨과 그레이의 인생을 바꾸었다. 벨은 2시간 먼저 특허를 출원한 덕에 유명세를 타면서 엄청난 부를 얻었고 그레이는 존재감조차 잊혀졌다.

알렉산더 벨의 성공은 먼저 실행한 사람이 기회를 얻고, 조금이라도 빨리 행동한 사람이 부를 얻는다는 사실을 말해준다. 2시간이든 2초든 얼마의 차이냐는 그다지 의미가 없다. 단 한 뼘의 차이라도 그에 따른 결과는 하늘과 땅과 같은 차이가 난다. 그런데 우리는 하루 중 한두 시간 정도는 아무 생각 없이 막연하게 흘려보낸다. 그 시간의 의미를 제대로 이해하지 못하는 경우가 대부분이기 때문이다. 그렇다면 시간의 의미를 깨닫게 해주는 '시간 자르기 게임'을 보자.

먼저 80cm 줄자를 준비한다. 80살까지를 평균 수명으로 본다면 줄자의 1cm는 1년을 의미한다. 1살부터 20살까지는 어린이와 학생시절이므로 20cm를 자른다. 60살에서 80살까지는 노년기이므로 퇴직을 앞둔 상태이거나 정년퇴직을 한 상태이다. 그러니 그 기간인 20cm도 자른다. 그럼 줄자는 40cm만 남는다. 이 40년이 우리에게 주어진 황금기이다.

사람의 하루 평균 수면 시간은 8시간으로 하루 24시간 중 3분의 1을 차지한다. 따라서 40년 중 수면 시간을 빼면 27년밖에 남지 않는다. 물론 남아 있는 27cm에서 더 자를 것이 남아 있다. 우리는 하루 세 끼를 먹는 데 평균 2.5시간이 걸린다. 40년 동안 약 4년을 식탁에서 앉아 있어야 하므로 4cm를 더 잘라내야 한다. 그럼 23cm가 남는다. 또, 매일 교통에 쓰는 시간이 평균 1.5시간, 잡담이나 통화에 쓰는 시간이 약 1시간, TV 시청에 쓰는 시간은 약 3시간이다. 이것을 계산해보면 9년이 소요되므로 9cm를 더 잘라낸다. 이제 줄자는 14cm만 남았다. 우리 생애 가장 소중한 시간은 고작 14년인 것이다.

그럼에도 우리는 구멍 난 물통처럼 1분, 1분 낭비되는 시간을 보고만 있다. 아마도 눈에 보이지 않고 느껴지지 않는 것이 시간의 정체라 물이 새는 것을 눈치채지 못했을 수 있다. 하지만 그것을 깨달을 때면 이미 물은 다 새버리고 바닥이 보일 때다. 스스로 물통의 물을 쏟아버린 결과이다. 안타깝지만 빈 물통만 남은 당신이 무엇을 할 수 있겠는가.

뛰어난 자질을 타고 났지만 매사에 느긋한 사람들이 있다. 이들은 외부의 자극에 쉽게 넘어가 자기 의지대로 시간을 알차게 보내지 못한다. 늘 풍족한 게 시간이라고 여긴다. 그들에게는 계획이 필요하다. 어떤 일을 하든지 시간 계획을 세워 정해진 시간에 그 일을 다할 수 있도록 자신을 길들여야 한다. 시간을 세부적으로 기획하고 스스로 계획에 따라 엄격히 실행하도록 유도하는 것이 중요하다. 자신의 의지만으론 부족할 수 있으므로 옆에 조력자나 감시관을 두면 좋다.

시간을 정확히 계산하고, 시간을 합리적으로 사용하는 것은 미래의 청사진을 그리는 것과 같다. 계획적으로 차근차근 공부하면 학습의 효율이 높아진다. 시간과 힘을 낭비하지 않고 가능한 한 빨리 목표를 달성하게 해준다. 성공을 바라는 사람이라면 확실한 시간 계획서를 만들어야 한다. 바로 이것이 자신을 발전시키는 동력이 되어 성공으로 한 걸음 한 걸음 나아가게 돕는다.

사람의 생명은 유한하다. 능력이나 힘에도 한계가 있다. 중요하지 않은 곳에 힘과 시간을 낭비하지 말자. 자기가 할 수 있는 일, 도전하는 일에 시간을 할애해야 한다. 시간이 흘러가는 대로 그냥 두어서는 안 된다.

◆ 나를 바꾸는 하버드 인생 지혜

계획하지 않으면 실패한다. 성공한 사람은 모두 시간을 아끼고 잘 활용하는 사람이다. 시간을 계획하고 과학적으로 시간을 지배할 줄 아는 사람은 하루 24시간을 25시간으로 이용한다. 심지어 더 많게 만들 수도 있다.

핑계는 시간을 갉아먹는 좀이다

미국의 억만장자 밴더빌트는 해운·철도·금융에서 영향력이 큰 사업가이다. 그는 어느 날 한 젊은이와 오전 10시에 만나기로 약속했다. 밴더빌트는 청년과 면담을 마친 후 직원을 필요로 하는 철도 총괄자를 만날 계획이었다. 젊은이는 10시 20분에 밴더빌트 사무실에 도착했다. 하지만 밴더빌트는 사무실에 없었다.

며칠 뒤 젊은이는 밴더빌트에게 다시 만나 달라고 요청했다. 밴더빌트는 왜 지난번에 오지 않았느냐고 물었다. 젊은이는 "선생님, 저는 그날 10시 20분에 도착했습니다."라고 대답했다. 밴더빌트는 즉각 10시에 만나기로 약속했다고 확인시켜주었다.

"네, 알고 있습니다. 근데 저는 조금밖에 늦지 않았습니다. 20분이 그렇게 중요한 건 아니지 않나요?"

밴더빌트는 엄숙하게 말했다.

"시간을 정확히 지키는지 지키지 않는지는 한 사람을 평가하는 매우 중요한 기준입니다. 당신은 약속 시간을 지키지 못해서 원하는 직업을 얻지 못했습니다. 바로 그날, 철도청에서 다른 직원 한 명을 채용했기 때문입니다. 당신은 10분이라는 시간의 가치를 가볍게 여길 수 있을지 모르지만 나를 기다리게 할 권리가 없습니다. 그 시간 동안에 나는 중요한 또 다른 미팅을 할 수도 있습니다."

이 젊은이처럼 시간을 지키지 못해 성공할 기회를 놓치는 경우를 종종 본다. 시간을 지키지 않고 지각만 일삼는 사람이라면 신용도가 형편없이 낮을 수밖에 없다. 그 사람이 아무리 성실한 사람이라 할지라도 시간을 지키지 않아 따라오는 부정적 영향을 보완할 수는 없다. 반면 약속 시간을 잘 지키는 사람은 신용도가 높아진다.

자신이 한 약속이나 시간을 지키지 못했다면 변명하지 말자. 지각에 어떤 핑계도 대지 마라. 알람 시계가 작동하지 않았다든지, 집안일, 교통 체증 등 그 어떤 이유도 시간을 지키지 않았다는 사실을 덮어주지 못한다. 차라리 깔끔하게 사과하고 다시 반복되지 않겠다고 다짐하는 게 옳다. 그래야만 상대방이 당신을 이해한다.

한 사람이 성공할 수 있는지 없는지 여부는 시간을 대하는 태도와 관련이 있다. 성공하고 싶다면 합리적인 시간관리 기준을 세우고 자신의 리듬에 맞는 시간표를 만들어야 한다. 시간을 자신이 가지고 놀 줄 알아야 적절하게 시간을 이용할 줄도 안다. 분명한 목표가 있다면 시간을 쪼개고 계획하기 쉽다. 목표를 이룰 시기까지 정하자. 막연히 무엇을 하고 싶다는 것보다 "언제까지 무엇을 해낼 거야."라고 계획해야 한다. 그래야 단계별로 차질없이 시간을 관리할 수 있다.

중요한 일을 하느라 바쁜 사람들은 일을 처리하기 전에 그 일이 효율적인지 먼저 확인한 다음에 최선을 다해 일을 끝마친다. 자신의 하루의 신체 리듬을 체크해보자. 가장 활력 넘치고 집중력이 좋은 시간대에 중요한 일을 배치해야 한다. 그래야만 능률이 오른다. 하버드 시간관리 전문가들은 합리적으로 시간을 분배하는 것은 뛰어난 성과를 바라는 사람에게 특히 중요하다고 강조한다. 다른 사람의 시간 리듬에 따르지 말고 자신만의 리듬대로 시간에 충실하자. 시간관리에 능할수록 자신의 인생을 조각해 나갈 수 있다.

◆ 나를 바꾸는 하버드 인생 지혜

하버드대학 교수들은 시간을 지키지 않는 사람은 신뢰할 수 없다고 가르치기 때문에 하버드생은 시간을 철저하게 지키는 습관을 들이게 된다. 시간을 지키는 것은 삶의 기본 원칙이다. 시간 관념이 없는 사람은 신뢰를 얻지 못한다. 책임감 있는 사람이 되려면 정확하게 시간을 지켜야 한다.

쉴 때와 일할 때를 구분해야 한다

우드로 윌슨은 미국 28대 대통령이다. 진보주의 시대의 지식인으로 비서도 두지 않고 혼자 일을 처리하는 유명한 일벌레였다. 윌슨은 밤늦게까지 법령과 서류를 검토했다. 이런 골치 아픈 일들은 업무 능력이 출중하고 믿을 만한 직원들이 충분히 대신할 수 있었지만, 그는 직접 그 일을 처리했다.

1919년 윌슨은 국민에게 UN 가입 지지를 얻기 위해 전국을 돌며 여러 차례 연설했다. 무리한 일정과 업무로 그의 건강에 적신호가 켜졌다. 한번은 강연을 마치고 갑자기 기절했다. 얼마 지나지 않아 심한 뇌졸중 발작을 일으켜 업무 능력을 거의 상실했다. 그의 왼쪽 몸은 완전히 마비됐고 왼쪽 눈도 실명해 남은 임기 동안 휠체어를 사용해야 했다. 이후에도 윌슨은 지팡이 없이는 걷지 못했다.

이후 윌슨은 임기 내내 토머스 R. 마셜 부통령과 그의 각료, 백악관을 방문한 국회의원들에게 의식적으로 일을 양보했다. 부인 이디스 윌슨은 그의 일상생활은 물론이고 정무까지 책임지고 분류해서 윌슨이 해야 할 일과 내각이 처리해야 하는 일을 구분했다.

기계가 아무리 정교해도 제때 기름을 넣지 않고 정비하지 않으면 고장이 난다. 정교한 시계도 태엽을 끝까지 돌리면 오래 사용할 수 없다. 운전을 잘하는 사람은 결코 차를 무리하게 몰지 않고, 바이올린을 잘 켜는 사람은 결코 현을 너무 팽팽하게 조이지 않는다. 사람도 마찬가지다. 만약 사람이 매일 공부와 일에 매달리면 버틸 수 없다. 건강을 잃는 순간 인생의 기회도 기대도 날아간다. 안타깝게도 한 번 손상된 건강을 다시 회복하기는 너무 어렵다. 사람은 좋은 컨디션을 유지하며 살아야 하고 건강한 신체를 가져야 한다. 이는 성공의 철칙이다.

휴식을 잘 취하는 것은 삶의 균형을 맞추는 중요한 법칙이다. 학습과 업무가 당신을 지치게 하고, 건강한 일상생활을 방해한다면 하던 일을 잠깐 내려놓자. 편안하고 안정적으로 휴식을 취해서 마음의 피로를 풀어주는 게 좋다.

현대사회는 삶의 속도가 빠르고 경쟁도 날이 갈수록 치열해지고 있다. 업무는 자신의 한계를 넘어선 능력을 요구한다. 일상은 스트레스의 연속이고 인간관계는 감정 싸움으로 악화되고 있다. 엎친 데 덮친 격으로 건강까지 이상 신호를 보낸다.

피로함은 우리 몸의 어떤 부위가 부담을 느낀다는 걸 일깨워주는 경고이다. 이 경고를 무시하고 내버려둔다면 피로가 온몸을 지배하게 된다. 아무리 바쁘더라도 운동을 일상화하고 식사를 잘 챙겨야 한다. 기본이 먼저다. 그 뒤 전념하고 있는 일에서 틈틈이 여유로운 시간을 할애해야 한다. 건강과 성공이 함께 가야 한다.

만약 당신이 시간을 효율적으로 사용하면 자아실현 확률이 높아진다. 건강과 일, 자기계발 등 자신의 능률을 높일 수 있도록 시간을 안배할 수 있기 때문이다. 당부하건대 심신이 피곤한 상태에서 일하지 마라. 무엇보다 건강이 최우선이다.

◆ 나를 바꾸는 하버드 인생 지혜

버락 오바마 대통령은 "하루 중 일정 시간을 내서 딸과 함께 보내고 싶은 것이 나의 최소한의 바람이다."라고 말했다. 만약 당신이 업무에 너무 지쳤다면 인생은 한 번뿐이라는 것을 기억하자. 삶에 더 가치 있는 일이 있음을 상기하라. 매일 인생의 마지막 날처럼 살아야 한다.

일과 휴식의 균형이 맞아야 삶이 조화롭다

제2차 세계대전 직후, 연합군 총사령관 드와이트 아이젠하워는 컬럼비아대학 총장으로 임명되었다. 어느 날 부총장이 아이젠하워에게 학교 관련 책임자들의 업무 보고를 듣는 것이 좋겠다고 말했다. 학과장급의 직원이 너무 많으므로 하루 두세 명씩 돌아가며 30분간 만나도록 했다.

그중 10여 명의 보고를 들은 아이젠하워는 앞으로 보고해야 할 사람이 몇 명인지 물었다. 부총장은 63명의 책임자가 업무를 보고해야 한다고 했다.

"맙소사, 너무 많군요. 내가 연합군 총사령관을 지냈다는 것을 알고 계시겠지만 사상 최대의 군대였습니다. 그런데 내가 만난 사람은 몇 명뿐입니다. 그저 직접 지휘하는 세 장군의 보고를 듣기만 하면 됐습니다. 그들의 수하는 제가 관여할 필요나 접견할 필요도 없었습니다. 대학 총장을 맡고 나서 만나겠다는 사람이 오히려 이렇게 늘어날 줄은 몰랐네요. 그들이 말하는 것은 대부분 전문적인 내용이라 저는 거의 못 알아듣습니다. 그렇다고 꼼꼼하게 들어주지 않으면 안 되죠. 그들의 소중한 시간도 빼앗고, 내 시간도 낭비되는 것 같습니다. 학교에도 좋을 게 없습니다. 부총장께서 짜주신 그 일정표는 내가 보기에 취소해야 할 것 같습니다."

아이젠하워는 나중에 미국 대통령으로 당선되었다. 어느 날 골프를 치는데 백악관 직원이 그에게 답장을 요구하는 긴급 문서를 보내왔다. 대통령 보좌관은 사전에 '찬성'과 '반대'의 두 가지 지시문을 작성해놓고 둘 중 하나에 서명하면 된다고 말했다. 하지만 그는 미처 결정을 내리지 못했고 두 건의 지시에 모두 서명했다. 그리고는 "닉슨(부통령)이 골라주세요."라고 적었다. 그 뒤 아무 일도 없었다는 듯 공을 쳤다.

일과 삶의 균형을 잡아야 한다. 만약 학습이나 일이 나를 힘들게 하고 나의 생활과 건강을 방해한다면 손에 쥐고 있는 업무를 잠시 내려놓자. 제때에 휴식을 취하고 자신의 마음을 평온하게 해야 비로소 삶의 본질을 붙잡을 수 있다.

사람들이 겪고 있는 고통을 연구해온 미국 뉴저지주 한 수의 사는 "단순하게 살아야 번뇌를 줄일 수 있다."라고 말했다. 그러면서 "고양이는 걱정하지 않으며 조금이라도 초조하면 바로 잠을 청하고, 강아지는 매우 잘 잊어버려 고통에 시달려도 금세 잊고 뼈다귀를 씹거나 장난치면서 현재를 즐기며, 새는 즐기기 위해 아무리 바빠도 가던 길을 멈추고 나뭇가지에서 노래를 부른다."라고 말했다. 물론 인간이 동물처럼 단순하게 살기란 어렵다. 다만, 우리 삶에서 신경을 곤두세우지 않아도 되는 부분에서는 느긋하게 대응하자는 말이다.

성공을 추구하는 사람은 걷던 발걸음을 멈추고 쉬는 것을 아까워한다. 그들은 그런 여유를 시간 낭비라고 생각한다. 쉼 없이 달려야만 빨리 성공할 수 있다고 생각한다. 아무리 기진맥진해도 멈추려 하지 않는다. 그 정신은 높게 살 만하지만 현명한 처사는 아니다.

피곤함은 생리적으로 자연스럽게 나타나는 몸의 경고이다. 몸 어딘가에 과부하가 걸렸다는 것을 알려주는 표시다. 그것을 그대로 방치한다면 몸에 무리가 오고 건강에 이상이 온다. 이를 회복하려면 시간이 더 많이 걸린다. 어쩌면 돌이킬 수 없을 정도로 건강을 잃을 수도 있다. 따라서 평소 틈틈이 휴식을 취하고 편안한 심리 상태를 유지해야 한다.

◆ 나를 바꾸는 하버드 인생 지혜

하버드대학 2013년 학생회장 다니엘 비커넬은 "학습의 효율성을 높이려면 계획적으로 공부하고, 친구들과 함께 공부하며, 충분한 시간과 노력을 들여야 한다."라고 말했다. 무조건 자신을 몰아부치는 것이 아니라 느긋하고 여유로움을 누릴 줄 아는 것이 소중한 지혜다. 삶에 쉼과 여유가 깃들어야 목표에 더 빨리 다가갈 수 있다. 여유는 방종이 아니라 에너지 충전이다.

PART 5

목표 설정은 성공의 설계도이다

저격수는 목표를 겨누고 방아쇠를 당긴다. 마찬가지로 성공을 원하는 사람도 명확한 목표와 방향을 정하고 꿈의 방아쇠를 당겨야 한다. 목표가 있으면 강한 의지가 생기고 목표로 나아가는 길을 계획할 수 있다. 하버드대학 박사이자 노벨경제학상 수상자인 폴 새뮤얼슨이 말했듯 어떤 일이든 성공하려면 분명한 목표와 강인한 의지가 필요하다. 끝까지 버티면 결국 성공을 차지하게 된다.

성공의 길에는 보이지 않는 계단이 있다

총명하고 영리한 여자아이가 있었다. 몸이 약해 매번 체육 수업을 할 때마다 뒤처졌다. 승부욕이 강한 그녀는 이에 낙담하여 체육 수업을 듣는 게 두렵고 힘들다고 생각했다. 그때 그녀의 어머니는 "괜찮단다, 얘야. 네가 나이가 제일 어리니 맨 뒤에서 달릴 수밖에 없을 거야. 하지만 다음에는 바로 앞에 달리는 아이 한 명만 따라 잡아보렴. 다 따라잡을 필요가 없어."라고 말했다.

소녀는 진지하게 고개를 끄덕였다. 다음 체육 수업 날, 그녀는 자기 바로 앞에서 달리는 아이를 뒤쫓았다. 마침내 그녀는 앞선 한 명을 제치는 데 성공했다. 이제 더 이상 꼴찌가 아니었다. 이후 체육 시간에 그녀의 매번 앞에 가는 아이를 한 명씩 따라잡기 위해 노력했다. 그 결과 한 학기가 끝나지도 않았는데 달리기 성적은 중위권이 되었고 그녀는 체육 수업을 좋아하게 됐다.

이를 통해 그녀는 성공의 이치를 깨달았다. '앞선 한 사람 따라잡기 원칙'을 적용하여 공부했다. 시험마다 한 명만 넘어서면 그것만으로도 대단하다는 목표를 세우고 집중했다. 나중에 그녀는 베이징대학에 합격했다. 4년 뒤엔 하버드대학에 전액 장학금으로 합격하였다.

그녀의 이름은 주청朱成이다. 이후 주청은 하버드에서 석사와 박사 학위를 받았다. 박사 시절 그녀는 하버드대학 대학원 학생회장에 당선되었다. 하버드 370년 역사상 최초로 중국인 학생이 이 자리에 오른 것이다.

"로마는 하루아침에 이루어지지 않았다."라는 격언이 있다. 이는 "천 리 길도 한 걸음부터." 라는 속담과 같은 맥락이다. 한 걸음 떼는 노력을 우습게 여기지 마라. 장담컨대 성공은 소소하지만 끊임없는 노력에서 나온다.

삶을 충실하게 보내는 것은 자신에게 주어진 하루를 중요하게 여기며 최선을 다하는 것이다. 그것만이 자기 인생에 거는 기대를 충족시킨다. 발전하며 열정을 불사를 기름을 제공한다. 하루의 노력을 간과한다면 열정은 서서히 식어간다. 목표가 확실하고 자신의 역할에 최선을 다하는 사람만이 기회가 왔을 때 잡을 수 있다.

하늘까지 치솟은 탑도 벽돌 하나부터 올렸다. 하루의 완성이 모여 인생을 이룬다. 그런데도 우리는 그들이 이룬 결과에만 주목하고 그가 너무 쉽게 성공했을 것이라고 믿는다. 그래서 무엇인가 이뤄지지 않은 오늘을 답답해한다.

매일 비슷한 일을 하는 자신을 별 볼 일 없는 사람으로 여기기도 한다. 그래서는 안 된다. 비록 하찮아 보이는 일이 주어지더라도 책임감 있는 자세로 임하자. 매일 끊임없이 자신의 임무를 완수해야 한다.

자신이 오늘 해야 할 일에 집중하고 그 중요성을 알아보자. 왜 이 일이 자신에게 주어졌는지, 이 일의 결과가 누구에게 어떤 영향을 미칠지 생각하자. 그래야만 하루가 소중하고 자신의 일이 귀하게 여겨진다. 최선을 다하는 모습으로 다른 사람의 기대를 넘어서야 한다. 성공은 작은 것들이 모여 큰 업적으로 성취된다.

◆ 나를 바꾸는 하버드 인생 지혜

헨리 키신저 전 미 국무장관은 "젊은이들은 하루아침에 유명해지려고 한다. 하지만 정작 한순간에 유명해진 사람은 거의 없다. 설령 우리가 그런 재능을 갖고 있다 하더라도 반드시 일상에서의 시련을 겪어야 한다."라고 말했다. 삶은 성실히 일한 자에게 명예든 권력이든 돈이든 노력에 마땅한 보상을 준다. 자기 생각과 인식을 바꾸고 한 걸음 한 걸음 착실하게 걸어가면 기대 이상의 인생을 선물로 받는다.

목표가 명확할수록
가야 할 길이 선명하다

루스벨트 대통령의 영부인 안나에게 기자가 성공하기 원하는 사람들 특히 아직 학교를 졸업하지 않은 젊은이들을 위한 조언을 구했다. 이에 안나는 잠시 생각하더니 말문을 열었다.

"기자님의 질문은 제 학창시절의 일을 생각나게 하는군요. 그때 저는 공부하면서 직장도 다니고 싶었습니다. 가장 좋은 것은 전기 통신 업종에서 적당한 직업을 찾는 거였어요. 그렇게 된다면 저는 몇 학점을 더 인정받을 수 있었고요. 그래서 아버지가 미국 무전 회사 이사장이었던 사노프 장군에게 연락을 해주셨습니다. 사노프 장군은 단도직입적으로 어떤 일을 하고 싶은지, 구체적으로 어떤 직종에서 일하길 원하는지 물었습니다. 그 회사 내에는 부서가 많아서 어떤 일이든 다 너무 신기해보였어요. 무엇을 선택하든 다 상관없었죠. 그래서 저는 무슨 일이든 할 수 있다고 말했어요. 사노프 장군은 하던 일을 멈추고 저를 쳐다보더니 세상엔 '아무거나'라는 직업은 없으며 성공의 길은 목표를 가지고 닦아가는 거라고 말해주었죠. 사노프 장군의 말은 제게 명확한 목표의 중요성을 일깨워줬어요. 그 뒤 살아오면서, 저는 늘 의미 있는 목표를 가지고 저의 생활을 이끌어 가기 위해 힘쓰고 있지요. 저의 능력으로 사회를 위해 많은 일을 하려고 노력한답니다."

안나의 말은 분명한 목표가 인생에 얼마나 중요한 영향을 끼치는지 보여준다. 무엇을 하든 자신의 목표를 분명히 알아야 성공한다. 반대로 목표가 분명하지 않으면 인생의 갈림길에서 길을 잃을 수 있다. 심지어는 길 찾기를 스스로 포기할 수도 있다.

의외로 뚜렷한 목표가 없는 사람들이 많다. 그들은 잠자고 먹는 것도 잊으며 열심히 공부하지만 제대로 된 결과를 얻지 못한다. 항상 기계적으로 공부하며 목적을 모른 채 주어진 일을 하기 때문이다. 단언컨대 이들은 영원히 정상에 오를 수 없다. 목표가 없으므로 중요하지 않은 일에 시간과 에너지를 쏟아붓기 때문이다.

자신의 목표를 분명히 세우고 버텨야 한다. 시간을 아끼고 더 좋은 성적을 거두고 싶다면 정확한 목표를 세워라. 목표를 향해 가는 길이 어려울지 몰라도 계속 진행하는 것은 어려운 일이 아니다. 원대한 인생 목표는 자신이 발전할 방향을 가리키는 항로

표지이자 미래의 청사진이다. 바로 이것이 자신이 노를 젓고 엔진을 가동시키는 원동력이 된다. 비바람이 몰아쳐도 꿋꿋하게 버티도록 받쳐주는 지지대 역할을 한다. 목표를 향해 노력하는 과정에서 겪을 크고 작은 실패들은 경험이자 의지를 다질 초석이다. 노력의 의지를 꺾을 위력은 발휘되지 못한다.

아직 목표를 정하지 못하고 갈림길에서 배회하고 있더라도 전전긍긍하지 마라. 성급하게 결정하고 후회하는 것보다 차분하게 자신을 돌아보며 신중하게 결정하는 게 좋다. 자료를 수집하고 분석해 자기 성향과 맞춰봐야 한다. 당신의 꿈이 주변의 입김이나 사회적 인정에 무너지면 안 된다. 자기만의 길을 가는 사람이 인생 성공 스토리의 주인공이 될 수 있다.

◆ 나를 바꾸는 하버드 인생 지혜

미국 시인 로버트 프로스트는 하버드대학을 다니며 "가장 좋은 길은 언제나 목표를 향해 가는 길이다."라고 말했다. 자기 인생의 항로를 제대로 설정하려면 분명하고 구체적인 목표를 정해야 한다. 목표가 모호할수록 자신의 의지도 약해진다. 자신이 싸워서 도달하려고 하는 목표는 현실과 재능에 맞게 설정해야 한다. 자신의 실제 상황과 동떨어진 목표는 자포자기를 불러올 수 있다. 실현 가능한 목표가 좋다.

실패에
핑계를 대지 마라

I. M. 페이는 1935년 매사추세츠 공과대학과 하버드대학에서 건축을 공부했다. 세계 곳곳에 있는 페이의 놀라운 건축물이 그를 20세기의 세계적인 건축가임을 증명한다. 페이가 건축가로 성공할 수 있었던 것은 "나만의 방법을 고민했기 때문이다."라고 말했다.

페이는 건축에 소질이 있었지만 오래 공부하다 보니 그의 작품에 다른 건축가의 그림자가 존재한다는 것을 느꼈다. 이 문제를 고민하던 그는 자신이 그저 선배 건축가의 설계를 모방하며 자신을 잃어버렸다는 것을 깨달았다. 그래서 스스로 만족할 만한 작품을 어떻게 설계할 것인지 진지하게 연구하기 시작했다. 마침내 건축이 자연을 아우르는 자신만의 관념을 담은 새로운 건축디자인을 고안해냈다. '페이식 건축' 양식을 탄생시키며 세계적으로 인정받고 명성 또한 높아졌다.

누구나 성공을 갈망하지만 진정으로 자기 능력을 발휘하는 사람만이 성공한다. 그렇지만 능력을 발휘하는 단계나 성공으로 향하는 길은 결코 순탄하지 않다. 성공을 좇는 사람들은 종종 폭우와 풍랑을 맞는다. 그때 담대하게 맞설 것인지 아니면 변명하며 도망갈 것인지는 자신이 선택해야 한다. 대부분 힘들고 앞이 보이지 않는 막막함에 후자를 선택한다. 그래서 실패한다.

1984년 LA올림픽을 성공적으로 이끈 유베로스는 "세상의 모든 일은 방법을 고민하면 문제를 돌파할 힘이 생긴다. 어려움을 두려워하지 않으면 결국 해결책을 찾게 된다."라는 명언을 남겼다.

사람들은 문제가 생기면 핑계를 대려 한다. 지각한 이유는 늦게 일어나서가 아니라 차가 막혔기 때문이다. 성적이 나쁜 것은 연습이 부족해서가 아니라 문제가 너무 어려웠기 때문이고 경쟁에서 실패한 것은 자신이 약해서가 아니라 상대가 강해서이다. 늘 이런 식의 문제의 핵심을 회피하며 핑계로 자신을 얼버무리는 데 익숙하다. 이런 방식의 삶이 지속되면 자신의 과실을 감추기 위해 끊임없이 변명을 찾는 데만 열중한다. 그리하여 응당 져야 할 책임은 뒷전으로 밀려난다.

문제가 생기면 피하지 말자. 마음을 바로잡고 해결하려고 노력해야 방법이 보인다. 인생에서 변명은 필요 없다. 필요한 것은 "어떻게?"라는 질문을 던지며 해결 방법을 찾는 것뿐이다. 실패해도 괜찮고 실수해도 이해된다. 마주한 문제에 과감히 맞서고 잘못 될 것을 두려워 마라. 장막이 걷혀야 빛이 들어온다.

◆ 나를 바꾸는 하버드 인생 지혜

빌 게이츠는 "훌륭한 직원은 애처롭게 핑계를 대기보다는 머리를 굴려 고객을 만족시킬 방법을 찾는다."라고 말했다. 어려운 상황에 직면했을 때 적극적으로 해결 방법을 찾는 태도는 인류의 잠재된 지혜를 깨운다. 반대로 어려움 앞에서 움츠려들면 결국 실패한다. 따라서 힘들고 어려울 때 문제를 회피하려 하지 말고 경험과 지혜를 모으자. 하늘이 무너져도 솟아날 구멍이 있음을 믿어야 한다.

우유부단함과 작별하고 패기를 길러라

20세기 초 미국 질레트사의 창업자 질레트는 세계 최초로 안전면도기를 개발했다. 당시 남자들은 전통적인 면도기를 사용했는데, 그 면도기는 매우 비싸고 사용하기 전에 칼날을 갈아야 하는 불편함이 있었다. 사용하다가 자칫 날카로운 칼에 베일 수도 있었다.

질레트는 자신이 발명한 면도기가 세계인의 사랑을 받아 엄청나게 판매될 것이라고 생각했다. 하지만 의외로 사람들은 이 안전면도기를 쉽게 받아들이지 않았다. 면도기가 출시된 이후에 심각한 판매 부진을 겪었다. 1903년 한 해 동안 질레트사는 고작 면도기 51개, 면도날 168개를 판매했다. 위기에 처한 질레트는 어떻게 하면 안전면도기를 히트시킬 수 있을지 기회만 살폈다.

어느 날 질레트는 전쟁 소식을 전하는 사진 한 컷을 유심히 봤다. 사진 속 젊은이는 수염이 덥수룩했고 꾀죄죄해보였다. 질레트는 기회가 찾아왔다는 것을 깨달았다. 그는 곧바로 군수물품 조달 부서에 연락해 군인들을 지원하기 위해 면도기를 원가에 공급해주겠다고 밝혔다. 당시 질레트사는 수입보다 지출이 컸기에 이런 대담한 약속은 회사의 미래를 걸고 한 것이나 다름없었다.

이후 질레트 면도기는 미군에게 보급되며 큰 사랑을 받았다. 아울러 군인들이 배치되는 전쟁터를 따라 질레트 면도기도 세계 구석구석으로 퍼져갔다. 이는 광고비를 들이지 않고 전 세계에 면도기를 광고하는 효과가 났다. 세계적으로 유명해진 질레트사 면도기는 1917년에만 무려 1억 3천만 개의 면도기를 판매했다.

죽음을 각오하고 나서야 꿋꿋하게 싸울 힘이 솟는다. 꿈에 다가서기 위해서는 단순히 상상하고 소망하는 것만으로는 부족하다. 목표를 달성하기 위해 실제적인 행동이 뒤따라야 한다. 과감한 행동은 성공을 보게 하고 꾸물거리지 않는 습관은 능률을 크게 높인다.

일을 처리하는데 스피드와 힘이 뒤따라야 능률이 발휘된다. 제2차 세계대전의 영웅 패튼 장군은 "우유부단함은 군인의 가장 큰 적이다."라고 말했다. 자신만의 인생을 살기 위해서는 반드시 패기가 있어야 하고 조금만 방심해도 사라져버리는 기회를 붙잡을 줄도 알아야 한다. 자신이 원하는 분야에서 기회가 생긴다면 성공 확률이 낮아도 과감히 시도하라는 조언이다. 늘 앞뒤를 재면서 곰곰이 생각만 하면 결국 아무것도 이룰 수 없다.

성공을 추구하는 과정에서 기회는 빠질 수 없는 요소이다. 기회를 잘 잡고 기회를 잘 만드는 사람은 물러서지 않고 망설이지도 않는다. 그들은 성공의 기초를 기회로 세우고 행운의 여신이 오기를 두 팔 벌려 맞이한다. 망설이는 사이에 기회가 물처럼 흐르고 바람처럼 사라진다는 것을 알기 때문이다.

큰일을 이루고 멋진 인생을 살고 싶다면 결단력을 가져야 한다. 자신에게 주어진 일에 대해 우유부단하게 결정을 미루고 지나치게 주저해서는 안 된다. 신중함은 좋지만 망설임은 기회를 놓치게 만든다. 다른 사람의 의견이 자기 행동을 좌지우지하지 않도록 하고 행동력을 갖추자. 여러 선택지 중에서 발전에 유리한 하나를 과감히 고르자. 그래야만 성공의 열매를 거둘 수 있다.

◆ 나를 바꾸는 하버드 인생 지혜

하버드생에게 추앙받는 자질은 과감함이다. 일을 진행하기에 앞서 신중함은 의사 결정에 더 마음을 쏟을 수 있게 돕지만 이로 인해 결정적인 시간을 놓칠 수 있다. 업계의 최고봉에 우뚝 서려면 도전하는 패기를 갖춰야 한다. 박력은 인생의 중요한 카드이다. 결단력은 성공에 직결되는 키워드다.

자신에게
맞는 길을 찾으라

1952년 11월 9일 이스라엘 독립 이후 초대 대통령인 하임 바이츠만이 병으로 서거했다. 그는 아인슈타인의 단짝이었다. 서거 하루 전 이스라엘 주미대사는 아인슈타인에게 이스라엘 벤 구온 총리의 편지를 전달했다. 편지에는 아인슈타인을 이스라엘의 차기 대통령으로 제청할 거라는 내용이 적혀 있었다.

이 소식은 매우 빠르게 언론사에 퍼졌다. 이날 저녁 기자가 아인슈타인에게 "존경하는 교수님, 이스라엘 대통령이 되실 거라고 들었습니다. 그게 정말입니까?"라고 물었다. 아인슈타인은 덤덤하게 대답했다.

"아니오, 나는 대통령이 되지 않을 거요. 나는 그만한 재능이 없소."

"하지만 대통령은 처리할 구체적인 사안도 별로 없고 그저 상징적인 자리일 뿐이지 않나요? 교수님은 이 세상에서 가장 위대한 유대인, 아니 이 세상에서 가장 위대한 사람입니다. 교수님이 이스라엘 대통령이 된다는 것은 유대민족의 위대함뿐만 아니라 아름다운 미래를 상징합니다."

기자는 벌써 대통령이 된 아인슈타인을 만난 것처럼 흥분해 있었다. 이에 아인슈타인은 단호하게 말했다.

"아니요, 저는 이런 일은 할 수 없습니다."

이후 워싱턴 주재 이스라엘 대사가 전화를 걸어왔으나 아인슈타인은 같은 뜻을 전했다. 거듭되는 질문과 전화, 인터뷰 요청에 견디지 못하고 아인슈타인은 미국의 권위 있는 언론에 성명을 냈다. 그는 이스라엘 대통령이 되지 않을 것이라고 분명히 밝혔다.

"저는 자연에 대해서는 조금 알지만 인간성에 관해서는 모릅니다. 아니, 전혀 모른다고 하는 게 맞겠군요. 그보다는 방정식이 제겐 더 중요합니다. 정치는 일시적이지만 방정식은 영원한 것입니다."

하고 싶지 않은 일과 붙잡아도 안 되는 일이 있다. 이런 일에 매달리면 흥미를 잃고 어려운 마음이 들어 실패하는 악순환에 빠진다. 이것은 처음부터 당신에게 맞지 않는 일이었는지 모른다. 단지 잘해보려고 노력하고 일에 자신을 맞추기 위해 고군분투한 결과로 버티는 것이다. 이로써 성취감은 사라지고 고민과 좌절만 껴안는다. 산양인 줄 알고 사는 호랑이는 풀을 뜯지 못하는 자신에게 실망한다. 자신의 날카로운 이를 얼마나 원망하겠는가. 만약 당신이 일하면서 제대로 하지 못하고, 또 힘들고 고통스럽다면 자신을 돌아보자. 어쩌면 자신이 있을 자리가 아닐지 모른다.

남들의 기대나 사회적 시선 때문에 고민하지 말자. 당신에게 주어진 인생은 딱 한 번뿐이다. 다른 사람이 원하는 대로 인생을 꾸밀 필요도 없다. 늘 가면을 쓰고 살아가는 것은 피곤한 일이다. 자신에게 맞는 길을 찾아서 자신이 좋아하는 일을 할 때 빛이 난다. 그 빛은 생각보다 강렬해서 멀리 퍼진다.

HARVARD WISDOM CLASS

성공한 인사들은 자신만의 개성을 가지고 있다. 이는 그들이 성공한 이후 진정한 자아를 만들고 대중을 진심으로 대하는 열쇠가 된다. "끝까지 자신에게 맞는 길을 찾으라."는 말은 하버드 학풍이 담긴 교훈이다. 하버드는 오랜 교육과정에서 비판을 받을 때도 있었지만 단점을 가리지 않고 대중에게 하나하나 진솔하게 보여줬다. 자신을 돋보이게 만드는 특성 덕분에 하버드는 세계적인 대학이 되었다.

힘들이지 않고
해낼 일은 없다

프리다는 새를 관찰하는 것을 좋아했다. 그는 교외에 집을 샀는데, 근처엔 수목이 울창하고 새가 지저귀고 꽃이 만발했다. 이사 다음 날 뒤뜰에 새 모이통을 설치해놓고 음식을 잔뜩 넣어두었다. 그러나 다람쥐가 새 먹이를 다 먹어 치우고 새들을 사방으로 흩어지게 했다. 프리다는 몇 주 동안 다람쥐들이 새 모이를 주는 기계에 접근하지 못하도록 온갖 방법을 궁리했다. 그러나 그가 생각해낸 방법은 하나도 먹히지 않았고 다람쥐들은 여전히 먹이통을 찾아와서 파괴했다.

프리다는 철물점에서 '다람쥐 방지용 새 모이통'을 찾아냈다. 이 모이통에는 철조망이 달려 있었다. 이번엔 절대 실패하지 않을 거라고 믿었다. 하지만 그날 저녁에도 다람쥐들은 '다람쥐 방지용 새 모이통'을 찾았고 새들은 놀라 달아났다.

프리다는 너무 화가 나서 모이통을 해체해 철물점 주인에게 반품을 요청했다. 뜻밖에도 철물점 주인은 담담하게 "선생님, 서두르지 마세요. 반드시 환불해드릴게요. 하지만 이 세상엔 완벽한 다람쥐 방지용 새 모이통은 있을 수 없다는 걸 아셔야 합니다."라고 말했다. 프리다는 고개를 갸우뚱하며 물었다.

"인간을 우주로도 보내고 몇 초 안에 지구 구석구석까지 정보를 전송할 수 있는 시대에 완두콩만한 머리를 가진 설치류를 막을 수 없다고요?"

프리다는 정말 이해할 수 없었다. 철물점 사장은 좀 더 분명히 설명했다.

"선생님, 좀 더 설명해드릴 수는 있지만 먼저 두 가지 질문에 답하셔야 합니다. 첫째, 다람쥐를 새 모이통에서 떨어뜨리는 데 하루 평균 얼마나 쓰십니까?"

프리다는 손가락을 꼽아보았다.

"10분에서 15분 정도 걸릴 것 같네요."

"네, 제가 생각했던 그대로네요. 그럼 이제 다람쥐들이 새 모이통에 덤벼들려고 몇 시간을 쓰는지 알아맞혀 보세요."

프리다는 그 말에 큰 흥미가 생겨 다람쥐에 대한 본격적인 연구를 시작했다. 그 결과 다람쥐는 잠들지 않는 대부분의 시간 동안 먹이를 찾는다는 것을 발견했다. 그렇기에 인간이 만든 다람쥐 방지용 새 모이통은 이들의 강한 집중력에 맞설 수 없었던 것이다.

어떤 사람은 조용한 환경에서 집중이 잘 된다고 하고, 어떤 이는 다른 재밌는 것이 없을 때에야 집중할 수 있다고 한다. 또 어떤 사람은 누군가 지켜봐줘야 집중할 수 있다고 말한다. 언뜻 보면 다 일리가 있는 말이다. 하지만 만약 집중하는 데 이렇게 많은 조건이 붙는다면 몇 명이나 성공할 수 있을까?

긍정 심리학의 창시자이자 하버드대학 심리학과 교수 랑겔은 저서 《집중력》에서 우리가 말하는 집중력은 천부적인 재능이 아니라 사람의 능력이고 품성이라고 했다. 당신에게 이런 품성이 있다면 계속 유지하도록 스스로 격려하라. 만약 집중력이 부족하다면 잘 키워야 한다. 집중력은 성공에 결정적인 역할을 한다.

◆ 나를 바꾸는 하버드 인생 지혜

빌 게이츠는 "무엇을 하든 온몸과 마음을 다 던지는 게 가장 중요하다. 집중하는 사람만이 강한 에너지를 낼 수 있기 때문이다."라고 말했다. 집중력은 정적인 기다림이자 충분한 준비를 마치고 기다리는 에너지 저장고이다. 집중력은 하나의 장점이자 자질이다. 집중을 하나의 수행의 결과로 보고 올라야 할 경지로 보자. 하나의 영향력으로 발전시킨다면 집중력은 모든 방해와 장애에 맞설 힘을 준다.

자신감이
모든 성공의 시작이다

하울 도농哈尔·道农은 하버드대학을 졸업한 후 기획 업무에 종사했다. 어느 날 그의 사무실에 노숙자가 찾아왔다. 기업이 도산하는 바람에 빚더미에 올라앉아 가정이 풍비박산되어 방랑하는 사람이었다. 이 노숙자는 "제가 여기까지 온 것은 작가님의 도움을 바라는 마음 때문입니다."라고 먼저 인사를 건넸다. 그는 삶에 절망하여 자살로 무의미한 삶을 마감하려 할 때 하울이 쓴 책을 보고 계속 살아갈 힘을 얻었다고 했다. 그래서 저자를 만나면 다시 일어설 수 있겠다는 생각에 찾아왔다며 도움을 구했다.

하울은 방랑자가 자신의 불행을 이야기할 때 그의 머리부터 발끝까지 훑어봤다. 멍한 눈빛과 절망이 가득한 주름, 오랫동안 깎지 않은 수염과 긴장한 정신 상태는 구할 길이 없는 사람임을 증명했다. 하지만 하울은 차마 그를 내치지 못했다.

"제가 직접 도와줄 방법은 없지만 원한다면 누군가를 만날 수 있도록 도와주고, 재기할 수 있도록 도와주고, 다시 아름다운 인생을 살 수 있도록 돕겠습니다."

노숙자는 자신을 변화시켜줄 사람을 빨리 만나길 간절히 원했다. 하울은 그를 방으로 데리고 가서 문 앞에 걸린 커튼을 젖혔다. 거기엔 커다란 거울이 있었다. 그 앞에 서 있던 노숙자의 모습이 그대로 거울에 비쳤다. 하울은 거울 속 노숙자를 가리키며 말했다.

"바로 이 사람입니다. 이 사람 외에는 어느 누구도 당신의 재기를 도울 수 없습니다. 여기 앉아서 그에 대해 철저하게 알아보고, 그의 장점과 단점을 정확하게 찾아보세요. 그렇게 하지 않으면 당신의 탈출구는 없습니다."

노숙자는 거울 속 자신의 얼굴을 자세히 들여다보았다. 수염이 가득 난 얼굴을 손으로 만지더니 몇 걸음 뒤로 물러나 고개를 숙이고 흐느끼기 시작했다. 한참을 운 뒤 그는 떠났다. 하울은 그의 발걸음이 가볍고 힘차다는 사실을 알아챘다.

며칠 뒤 하울은 거리에서 그를 만났다. 그는 이미 직장을 구했고 다시 시작해볼 계획이라고 말했다.

자신을 신뢰하는 사람은 성공한다. 그들은 자신의 단점을 부정하지 않고, 자신의 장점이 무엇인지를 알며, 그것을 발전시킬 적합한 길도 안다. 자신이 정한 길을 걸어가는 사람이 어찌 자존감을 잃어버릴 수 있겠는가?

열등감은 자신의 장점을 볼 수 없게 만든다. 강력한 자기 비하에 빠져 희망을 볼 수 없도록 눈을 가린다. 무서운 부정적인 감정이다. 자신의 부족함은 열등감이 될 수 없다. 밀로의 비너스는 한쪽 팔이 잘린 불완전함이 있지만 그로 인해 최고의 조각으로 인정받는다. 결점과 아름다움이 공존하듯 당신의 부족함은 당신의 일부이지 고유의 이미지를 형성하는 데 중요하고 대체할 수 없는 요소로 작용한다. 부족함에 집중된 당신의 시선을 장점으로 돌려라. 잘하는 요소를 찾아 당당해져라. 목소리가 큰 것도 좋고, 인사를 잘하는 것, 사람을 잘 기억하는 것 등 자신에게 만족스러운 부분에서 자신감을 찾으면 된다.

성공하기 원한다면 먼저 열등감을 극복해야 한다. 자신을 믿어라. 열등감은 자신을 믿지 않는 데서 싹튼다.

◆ 나를 바꾸는 하버드 인생 지혜

미국의 사상가이자 시인 랄프 왈도 에머슨은 "자기 생각을 믿고 올바르다고 생각되는 것을 믿으라."고 말했다. 자신을 믿어야 끊임없이 잠재력을 발굴할 수 있다. 자신감만이 자신의 재능을 초월한 능력을 발휘시킨다.

기회를 잘 포착해야
기회가 만들어진다

1919년 중국인 작가 린위탕은 결혼 후 아내와 미국 유학길에 올랐다. 훗날 그는 미국에서 유명인사가 되었는데 이는 정말 행운이었다.

어느 날 린위탕은 파티에 참석했다. 유명 작가 펄 벅도 함께한 파티였다. 파티에 중국인 작가가 많다는 얘기를 들은 펄 벅은 "중국 작가분 중에 자신의 신작을 소개해주면 미국 출판계에 그 책을 추천해드리겠습니다."라고 말했다. 그 자리에 있던 사람들은 이것이 단지 인사말이라고 여기고 모두 웃어넘겼다. 하지만 린위탕은 이것이 모처럼 찾아온 기회라고 여기고 펄 벅의 말을 가슴 깊이 새겼다. 그는 펄 벅에게 연락처를 달라고 요청했고 집으로 돌아가 마음에 드는 글을 정성스레 정리해 보냈다. 펄 벅은 그가 대형 출판사에서 책을 출간할 수 있도록 도와줬다. 얼마 후 책이 출간되었고 그 책은 독자들의 마음을 사로잡았으며 하루아침에 미국에서 유명한 중국 작가가 될 수 있었다.

하버드대학 교무국장인 하비 파인버그는 "한 번의 기회를 붙잡으면 한 가지 일을 해낼 수 있고, 정말 얻기 어려운 기회를 붙잡으면 성공할 수 있다."라고 말했다. 인생에는 예측할 수 없는 순간들이 아주 많다. 어떤 기회는 지금 현재 당신 곁을 스치듯 지나가고 있을 수 있다. 성공과 직결된 기회를 당신의 우유부단함 때문에 놓쳐서는 안 된다. 성공하기 위해서는 마음을 다잡고 준비된 자세를 취해 기회를 붙잡으려고 노력해야 한다.

하버드대학 출신 미국 제2대 대통령 존 애덤스는 "위험이 없으면 좋은 기회는 없고, 좋은 기회가 없으면 성공을 쟁취하기 매우 어렵다."라고 말했다. 지금 이 순간에도 세상에서 일어나는 일 중 어느 것은 누군가에게 기회가 되고 성공의 씨앗이 된다. 넋놓고 앉아서 자신에게 기회가 오기를 바라고 요행처럼 온 기회를 잡으려고 손을 허우적거리지 마라. 차라리 제자리걸음이라도 하면서 기회가 왔을 때 잡을 힘을 기르고 기회가 도망칠 때 쫓아갈 근력을 비축하는 편이 유리하다.

기회의 뒷면에는 실패가 숨어 있다는 사실도 기억해야 한다. 무작정 달려들어 기회를 낚아채거나 덮치면 기회는 휙 돌아서 실패의 칼날을 들이민다. 자신을 다지지 않고 준비 없이 기회만 포착하려는 사람들에게 결코 허락되지 않는다는 의미이다. 그러나 실패에 무릎 꿇지 않고 이겨내는 사람에게는 기회가 자신의 진짜 모습을 드러낸다.

기회를 움켜쥐었지만 실패에 직면했다면 다시 한번 의지를 다지고 의욕을 불태워라. 이 세상에 해결할 수 없는 문제는 없다. 용기를 내 과감하게 기회에 승부를 걸어야 한다. 자신을 믿으며 이 기회를 성공으로 이끌기 위해 두려움을 떨쳐내야 한다. 용감하게 실패를 딛고 일어서야 기회가 당신 손안에 잡힌다.

◆ 나를 바꾸는 하버드 인생 지혜

하버드대학 박사이며 유명 은행가 데이비드 록펠러는 '기회는 사업 발전의 키'라며 "큰일을 하는 사람은 기회를 잘 잡을 뿐만 아니라 기회를 만드는 데도 능하다."라고 말했다. 성공을 향한 여정에서 노력과 재능도 중요하지만 기회도 역시 빼놓을 수 없는 요소 중 하나이다. 기회를 잘 붙잡고 기회를 잘 만드는 사람은 물러서지도 망설이지도 않는다. 성공의 토대를 최대한 크게 만들고 두 팔 벌려 행운의 여신을 맞이한다.

PART 6

올바른 사람 되기를 꿈꾸라

Harvard's 100-Year
Traditional Relationship Class

✦ ✦ ✦

사람으로 지켜야 할 도리와 갖춰야 하는 자질을 알지 못한다면 올바른 사람이 되기 어렵다. 좋은 사람이라야 똑바로 행동하며 인생의 가치를 충분히 실현할 수 있다. 하버드대학 철학박사이자 중국 현대 언어학의 선구자인 자오위안런趙元任은 "성품은 성공한 인생의 초석이다."라고 말했다. 스펙이 떨어지고 든든한 배경이 없어도 좋은 성품을 갖추고 있다면 인맥을 얻고 인기를 끌며 다양한 사람들과 교류할 수 있다. 이를 위해 당신은 민첩하고 변화무쌍하게 반응할 줄 아는 처세술을 갖춰야 한다.

책임을 질 줄 알아야 한다

맥아더는 귀족 가문 출신이다. 어릴 때부터 어머니가 공을 세워서 이름을 널리 알려야 한다고 가르쳤기에 늘 강한 승부욕과 야망을 보였다. 평범해보이는 것은 얕잡아보거나 무시했다.

1903년 젊은 맥아더는 미국 육군사관학교를 졸업했다. 그는 자신의 재능을 십분 활용하여 큰일을 할 각오가 되어 있었다. 하지만 그는 공병 부대와 광산에서 근무하게 됐고, 이런 무미건조한 일을 맡았다는 사실에 실망했다. 여기에서 어떤 발전 가능성도 찾을 수 없다고 생각한 그는 대부분의 일을 소홀히 처리했다.

이후 그는 1년 동안 필리핀으로 파견되었다가 다시 미국 엔지니어학교로 발령받아 연구를 하게 되었다. 그는 연구가 지루하고 싫었다. 오히려 백악관의 화려한 사교 활동에 관심이 많았다. 맥아더는 자신의 커리어와 사명을 완전히 잊고 사교의 즐거움에 젖어 들었다. 엔지니어학교 교장인 윔거스는 맥아더 중위는 책임감이 없고 육군사관학교 이력서에 기재된 능력에 훨씬 못 미친다고 평가했다.

엔지니어학교를 졸업한 뒤 맥아더는 밀워키에 배치되었다. 무료한 업무에 맥이 빠져 자주 근무지를 이탈했다. 매우 화가 난 상사는 그를 다른 곳으로 전근시켜버렸다. 그리고 소견서에 "그는 잘생기고 의젓해보이기만 할 뿐 업무를 대하는 태도는 매우 불량하며 경솔하다."라고 적었다.

맥아더는 소견서를 보고 화가 났다. 그동안 자신은 열심히 일했고, 맡겨진 일들을 모두 수월하게 해냈다고 생각했다. 그래서 그는 자신의 의견서를 수석 엔지니어인 마셜 준장에게 제출하였다. 마셜은 맥아더의 행동에 매우 화가 났는데 이는 맥아더가 군인으로서의 규율과 절차를 무시하고 상부에 바로 보고했기 때문이고, 다른 하나는 근무 시간에 다른 일을 했기 때문이었다. 마셜 준장은 맥아더의 의견서를 반려하고 엄중히 처벌했다.

이 일을 계기로 맥아더는 자신이 능력은 뛰어나지만 책임질 줄 몰랐다는 것, 능력과 태도는 전혀 다르다는 것을 깨닫게 되었다. 이후 혈기왕성했던 맥아더는 점점 성숙하고 침착해졌다. 책임감 있게 변했고 마침내 참다운 장교가 되었다.

책임은 강요된 의무가 아니라 생명과 삶이 요구하는 기본 조건이다. 당신이 어떤 위치에 있고 어떤 역할을 맡았든 책임에서 자유로울 수는 없다. 용감하게 책임을 질 줄 알아야 당신의 인생이 비로소 아름다워진다.

미국 소설가 마크 트웨인은 "우리가 세상에 태어난 것은 우리의 책임을 다하자는 고상한 목적을 이루기 위함이다."라고 말했다. 책임감 있는 사람은 결코 자신의 책임을 회피하지 않는다. 겁쟁이들만 책임지려 하지 않는다. 잘못을 감추고 처벌을 면하는 수법으로 자기 책임에서 벗어나려 한다. 하지만 진실이 드러날 경우 이미지는 일순간에 추락하고 만다. 신뢰를 회복하기 힘들고 그로 인해 재기하기도 어려워진다. 또한, 진실이 밝혀지기 전까지 심신도 큰 고통을 받게 된다. 책임을 회피하고 도망가는 사람에게는 엄청난 대가가 뒤따른다.

◆ 나를 바꾸는 하버드 인생 지혜

하버드대학 출신 버락 오바마 미국 대통령은 "현재 우리는 새로운 책임의 시대를 맞고 있습니다. 우리는 이 점을 간과해서는 안 됩니다. 언제나 자기 자신에게도, 가족에게도, 사회에도, 국가에도 책임은 필수 불가결한 것입니다. 우리는 그 책임을 기꺼이 받아들여야 합니다. 그러면 인생도 더욱 풍성해질 것입니다."라고 말했다. 책임을 질 줄 아는 사람에게 큰일이 맡겨진다.

너그러움으로
다른 사람을 품으라

필라델피아로 향하는 열차에 한 여성이 올라탔다. 그녀는 창가 자리에 앉았다. 그때 그녀 앞에 앉은 남자가 담배에 불을 붙이고 깊이 몇 모금 들이마셨다. 그녀는 담배 냄새를 맡자마자 숨이 막혀서 일부러 창밖으로 머리를 돌리고 기침을 몇 번 하며 남자에게 담배를 피우지 말라는 눈치를 주었다. 그러나 남자는 전혀 개의치 않고 담배를 피웠다. 그녀는 참지 못하고 큰 소리로 말했다.

"선생님, 이 열차를 처음 타시는 건가요? 모르실 수도 있겠지만, 이 기차에는 흡연실이 따로 있습니다. 일반 객차 내에서는 흡연하면 안 됩니다."

남자는 여자의 말에 멋쩍게 웃으며 담배를 꺾어서 버렸다.

잠시 후, 제복을 입은 몇 명의 남자가 객차에 들어왔다. 그들은 곧장 그녀 앞에 와서 "숙녀분, 대단히 죄송합니다, 객차를 잘못

타신 것 같습니다. 이 칸은 그랜트 장군의 개인 객차입니다, 다른 칸으로 옮겨주시면 감사하겠습니다."라고 말했다. 이 말에 그녀는 깜짝 놀랐다. 담배를 피운 남자가 그 유명한 그랜트 장군이었다. 그러나 장군은 조금도 그녀를 나무라지 않았을 뿐만 아니라 부하들에게 함께 타고 가는 것도 괜찮다고 점잖게 말했다.

이처럼 장군의 너그러움은 존경심을 일으켰다. 그의 인덕은 널리 칭송을 받았으며 넓은 마음으로 부하들을 통솔해 전투에서 많은 승리를 거둘 수 있었다. 그리고 마침내 존경받는 미국 대통령까지 되었다.

그랜트 장군 이야기는 타인에게 관용을 베풀면 동시에 존경을 얻는다는 메시지가 담겨 있다. 관대한 마음을 품으면 더 이해할 수 있고, 조금 더 관대하면 감동을 부른다. 그러므로 아낌없이 관대함을 베풀고, 남의 잘못을 지나치게 들먹이지 말자. 너그러운 사람이 되라. 그럼 당신의 인생에도 덕이 된다.

관용은 주고받는 양쪽 모두에게 유익이 된다. 경제학적 개념으로 말하면 서로 윈윈하는 비결이다. 레바논 출신 시인 칼릴 지브란은 "위대한 사람은 두 개의 심장을 갖고 있다. 한 곳에서는 피가 흐르고 다른 한 곳에선 관용이 흐른다."라고 썼다. 관용은 피가 우리 몸을 살리듯이 관용은 우리의 영혼을 살린다. 그러므로 관용을 잃은 마음은 영혼은 본질에서 멀어진다.

타인에게 관용을 베푼다는 것은 상대방을 이해하고 존중하는 것이다. 과거에 받은 상처를 기억하지 말자. 상처가 남긴 흉터를 보며 아픔을 되새길 필요가 없다. 이미 지나간 일이며 당신이 먼저 마음에서 잊고 치유해야 비로소 그 상처에서 자유로워질 수 있다. 먼저 관용을 베풀면 상대방은 당신의 영혼이 얼마나 빛나는지 보게 된다. 관용을 베풀면 상대방은 당신의 진심이 무엇인지 알고 스스로 부끄러움을 느끼게 된다. 당신에 대한 존경심은 더욱 높아질 것이다.

되받아치고, 때리고, 보복하고, 이에는 이로 갚기보다 차라리 웃으면서 용서하자. 이것이 인생을 더 기쁘게 사는 방법이지 않은가. 사람이나 상황에 대해 부정적으로 생각지 마라. 극단적으로 가는 것은 더더욱 경계하라. 마음이 긍정적인 방향으로 향하면 삶에 따뜻함이 스며든다. 먼저 마음을 잘 가다듬고 관대해지는 법을 배우자. 더 넓은 마음으로 인생을 항해할 수 있다.

◆ 나를 바꾸는 하버드 인생 지혜

용감한 사람은 관용을 베풀 줄 안다. 그러므로 편협한 시각을 갖지 말고 좁은 마음을 갖지 마라. 자신과 타인을 포용하는 마음으로 대하면 큰일은 작아지고 작은 일은 아무 일도 아니게 된다. 각종 응어리와 불만을 미소로 바라보자. 축하한다. 당신의 세상이 더 넓어졌다.

칭찬할 줄 알면
어딜 가나 환영받는다

린칭쉔林清賢은 대만의 유명한 작가이다. 고등학교 2학년 시절 그는 장난기 많은 학생이었다. 학업 태도와 품행은 늘 선생님들에게 실망과 반감을 안겨주었다. 하지만 국어 선생이었던 왕위창王雨蒼만 유독 그를 인정해주었다. 자신이 휴가를 갈 때면 린칭쉔에게 국어를 가르치게 하였다. 왕위창은 린칭쉔에게 "국어를 수십 년 가르친 경험으로 미루어 볼 때, 너는 큰 인물이 될 거다."라고 말했다. 선생님의 이 말에 린칭쉔은 감동했다. 그는 분발하여 선생님의 기대를 저버리지 않겠다고 맹세하였다.

어느 날 양고기 집을 지나던 린칭쉔에게 낯선 사람이 인사했다. 그는 20년 전 그들이 만났던 이야기를 꺼냈다. 당시 린칭쉔은 한 신문사 사회부 기자였다. 경찰서에 취재 나간 날, 도둑이 잡혀

들어왔다. 경찰은 "이 도둑이 여러 차례 범행을 저질렀지만 이번에야 검거되었는데 범행 수법이 뛰어나서 도둑맞은 일부 집은 심지어 몇 주가 지나서야 물건이 사라진 것을 눈치챘다."라고 말했다. 린칭쉔이 본 이 도둑은 매우 점잖게 생기고 눈빛이 날카로웠다. 도둑은 가슴을 치며 "대장부는 과감하게 행동하고 그 결과를 책임집니다. 만약 이 일을 제가 한 게 맞다면 저는 확실하게 인정할 겁니다. 그러나 저는 절대 이 집 물건을 훔치지 않았습니다."라고 말하며 따졌다.

그러자 경찰은 도난 현장을 찍은 사진을 그에게 보여주었다. 사진 속의 집 안은 온통 어질러진 상태였다. 도둑은 "이건 절대 제가 한 게 아닙니다. 전 이렇게 거칠지 않아요."라고 말했다.

도둑의 기개에 린칭쉔은 감탄했다. 그래서 그는 이 일에 관한 기사를 이렇게 썼다.

"치밀한 마음, 뛰어난 손재주 그리고 넘치는 기백을 가진 점잖은 프로 도둑은 처음 본다. 그는 도둑이 아니라 무슨 일을 해도 다 잘했을 것이다."

낯선 사람은 바로 그 도둑이었다. 그는 지금 이 양고기집 사장이 되어 있었다.

"선생님이 쓴 신문기사는 제 인생을 바꿔놓았습니다. 아무도 제게 그런 평가를 하지 않았어요. 선생님의 평가는 제 인생에 아직 희망이 있다고 생각하게 만들었습니다."

린칭쉔은 그의 말에 감동했다. 자신의 감상적인 말 몇 마디가 한 사람의 인생을 바꿀 줄 몰랐던 것이다.

린칭쉔 이야기는 남을 인정하고 긍정하는 말 한 마디가 다른 사람의 '삶을 구하는 지푸라기'가 될 수도 있다는 걸 알려준다. 이를 모르는 사람들은 상대의 상황에 따라 부정과 멸시로 대하며 얕잡아 본다. 이때 누군가 그들의 장점을 발견하고 충분히 인정해준다면, 그는 자신을 돌아보고 자신의 행동 방식을 바꿀 수도 있다.

당신의 진실된 칭찬 한 마디는 다른 사람에게 삶의 보약이 된다. 막다른 골목에 처한 사람에게는 더더욱 귀한 보배이다. 그런 사람을 만나면 관심을 주고 격려의 말을 아끼지 말자. 그 짧은 한 마디는 그에게 따뜻함을 주고 어두운 길을 밝혀준다. 자신감과 자존감을 불어넣어 주며 불분명했던 미래를 열어줄 것이다.

◆ 나를 바꾸는 하버드 인생 지혜

하버드대학 심리학자 윌리엄 제임스는 "인간의 본성이 원하는 것은 다른 사람의 칭찬을 듣는 것이다."라고 말했다. 실제로 인간의 감정은 쌍방의 관계에서 나온다. 칭찬을 아끼지 않는 사람은 인간관계도 좋다. 왜냐하면 누구도 인정받는 것을 좋아하기 때문이다.

비판은 날카로운 칼과 같고 악담은 악취나는 오물과 같다

어느 날 나무꾼이 산에 올랐다. 나무를 하다가 산 깊은 곳에서 길을 잃었다. 그는 차가운 가을바람에 후들후들 떨었지만 다행히 사냥꾼에게 발견되어 초가집에서 하룻밤 묵게 되었다. 사냥꾼은 팔에 상처가 있었지만 풍성한 저녁 식사를 차려 그를 대접했다. 다음 날 사냥꾼은 나무꾼에게 잠을 잘 잤느냐고 물었다.

"너무 잘 대접해주셔서 감사합니다. 그런데 단 한 가지 마음에 안 드는 건 당신 몸에서 나는 심한 악취입니다."

그 말을 듣고 사냥꾼은 기분이 좋지 않았지만 그를 이해하기로 했다.

오랜 시간이 지나고 나무꾼은 다시 사냥꾼을 만났다. 나무꾼이 팔에 난 상처는 다 나았냐고 묻자 사냥꾼이 안타까운 표정을 지으며 답했다.

"아, 상처는 잠깐 아프다가 곧 나았습니다. 그때의 통증을 다 잊어버렸습니다. 그런데 그때 당신이 제게 한 말은 평생 잊히지 않는군요."

진정한 아픔을 주는 것은 칼이 아니라 악담이다. "좋은 말 한마디는 엄동설한의 추위도 따뜻하게 느끼게 해주지만 악담은 유월의 더위도 춥게 느끼게 한다."라는 속담이 있다. 우리는 종종 타인과 대화할 때 상대방에게 말로 해를 끼친다. 고의성이 없더라도 상대에게 상처를 남길 수 있다. 그러므로 반드시 주의하고 조심해야 한다.

품행이란 말 한마디나 행실 하나에서 드러난다. 입에서 좋은 말이 한마디도 나오지 않는 사람이 있고 다짜고짜 남을 비난하고 욕하며 어느새 다른 사람의 마음에 큰 상처를 주는 사람도 있다. 이들은 자신이 항상 옳다고 믿는다. 잘못을 지적해줌으로써 그것을 고치게 되면 상대에게 유익이 된다고 자기 행동을 합리화한다. 물론 틀린 말은 아니다. 너그러운 사람은 타인의 지적이나 질타를 수용한다. 하지만 감정은 상호적이다. 공격적이고 일방적인 악담과 질타에 우호적 반응을 보일 사람은 없다. 겉으로 드러내지 않더라도 속으로 당신을 영원히 상대하지 않겠다고 다짐할지 모른다.

하버드대학 심리학과 교수 윌리엄 제임스는 "인간이 가진 본성 중에서 가장 강한 것은 타인에게 인정받기를 갈망하는 마음이다."라고 말했다. 누구나 다른 사람에게 인정받기를 바란다. 인정은 사람에게 위안과 힘을 주고 자신감에 기운을 불어넣어준다.

당신이 남을 해치는 공격의 씨앗은 상대방의 마음에 뿌리를 내리고 싹튼다. 그 나무가 자랄수록 당신에 대한 부정적인 생각을 갖게 한다. 한 번 뱉은 말을 되돌릴 수 없다. 안 들은 것으로 하라는 말도 억지이다. 그러므로 스스로 다스려서 선의를 담은 말을 전해야 한다. 그러면 상대는 당신에게 호감을 가지게 될 뿐만 아니라 자신에게도 부정적인 감정을 갖지 않는다. 더불어 유익이 되고 유대감은 높아진다.

◆ 나를 바꾸는 하버드 인생 지혜

평범한 화교 집안의 딸인 장홍제張宏杰는 하버드대학 우수 학생이었다. 아버지 장즈홍張志宏은 <화교신문>과 인터뷰에서 "딸의 곁에는 항상 정직하고, 사심이 없으며, 적극적이고, 순박하고, 선한 사람들이 있습니다. 그들은 아름답고 선한 일을 하는 것을 좋아하고, 절대 남을 해치지 않지요."라고 말했다. 이에 영향을 받은 장홍제도 늘 주변 사람들을 이렇게 대했다. 다른 사람을 비판하거나 비난하지 않는다면 주변 사람들도 당신에게 친절하게 대한다.

손해를 감수하는 자는 큰 사람이다

송나라 양주성의 번화한 시가지에 매초풍이 전당포를 열었다. 어느 해에 연말, 장부를 정리하던 매초풍은 갑자기 언쟁하는 소리가 들려 서둘러 장부를 두고 나갔다. 나가 보니 장씨 성을 가진 가난한 노인이 점원들과 말다툼을 하고 있었다.

매초풍은 항상 너그럽게 사람을 대했다. 화목하게 돈을 벌어야 한다는 신조를 가지고 있기에 먼저 자신의 점원들에게 호통을 쳤다. 그다음 장 노인에게 사과하였다. 그러나 장 노인은 카운터에 기대서서 아무 말도 하지 않았다. 이때 점원이 조심스럽게 매초풍에게 자초지종을 말했다.

"나리, 하늘과 저의 양심을 걸고 맹세합니다. 정말 저쪽에서 말도 안 되는 이유로 소란을 피운 겁니다. 그는 얼마 전에 우리 가게에 옷을 저당잡혔는데 설에 입겠다며 막무가내로 옷을 달라고 합니다. 돈도 안 주고서 말이지요. 그래서 제가 안 되는 이유를 잘 설명했음에도 저에게 화를 내면서 입만 열면 욕을 했습니다. 그렇다면 이건 누구 잘못입니까?"

매초풍은 이해했다는 듯 고개를 끄덕이며 일단 점원에게 나가 있으라고 했다. 장 노인이 입을 열기도 전에 매초풍은 장부를 보고 그가 저당잡힌 옷 중 겨울옷을 골라왔다.

"이 솜저고리는 설날에 입으시기 좋을 것 같네요. 온 가족이 다 따뜻하게 설을 쇠면 너무 좋을 것 같습니다. 이 옷들을 가져가시고 나머지는 원할 때 찾으러 오세요."

그는 옷을 받자마자 한마디 말도 없이 문을 나섰다. 다행히도 매초풍은 그런 행동에 하나도 신경 쓰지 않고 그를 배웅했다.

그날 저녁, 장 노인이 다른 전당포에서 죽을 거라고는 아무도 예상하지 못했다. 그의 친척은 전당포 사장이 노인을 죽였다고 고소했다. 이 일로 마을이 떠들썩해졌다. 결국 그 전당포 주인은 돈으로 일을 무마할 수밖에 없었다. 사실 장 노인은 궁지에 빠진 상태였다. 하지만 죽음으로 궁지를 모면할 거라곤 아무도 생각지 못했다. 당일 그는 독약을 숨기고 매초풍의 전당포에 와서 행패를 부린 거였다. 죽음으로써 돈을 갈취해 자기 가족의 숨통을 트이게 하려고 했다. 하지만 뜻밖에도 매초풍은 그의 생떼를 문제 삼지 않았고, 설사 손해를 보더라도 그를 도왔다. 그의 이러한 행동에 장 노인은 양심의 가책을 느꼈던 것이다.

다른 전당포 사장은 장 노인과 입씨름 끝에 다투고 주먹질과 발길질을 했을지도 모른다. 왜냐하면 매초풍이 감당했던 것처럼 손해를 감수하려는 사람이 많지 않기 때문이다. 그러나 매초풍은 굽힐 줄도 펼 줄도 알았다. 너그럽고 도량이 넓어서 결국 장 노인과 실랑이하지 않았다. 이로써 오히려 자신이 유익을 얻었다.

사람들은 '손해'라는 말에 매우 민감하다. 자칫 손해를 보면 불운한 사람이 된다고 생각한다. 손해 본 사람들을 바라보는 눈길은 연민으로 가득 차 있다. 이런 시선은 손해 본 사람도 감당하기 어렵다. 심적으로도 불편한데 남들의 시선까지 의식해야 하므로 두 배로 더 힘들어진다.

홍콩 청쿵 그룹 CEO 리카싱李嘉誠은 평생 많은 사람과 장단기적으로 협력해왔는데, 헤어질 때 돈을 조금 덜 받는 것으로 알려졌다. 만약 상대의 사업이 어렵다면 그는 아무것도 원하지 않고 손해를 감수했다. 이러한 태도와 넓은 마음 때문에 누구든지 그와 합작하길 원했고 사업은 더욱 번창했다. 리카싱의 성공은 기꺼이 손해를 감내하는 경지에서 나왔다고 볼 수 있다.

손해를 볼 수 있는 사람은 그 마음이 작지 않다. 불공정한 일이 자신에게 일어나는 것을 용인해야 하고 자신에게 해를 가한 사람을 포용하기 때문이다. 그러나 이런 사람은 품성이 훌륭하기 때문에 사소한 일까지 시시콜콜 따지는 사람보다 큰일을 해낸다.

◆ **나를 바꾸는 하버드 인생 지혜**

손해를 보는 것은 인생의 필수 과목이다. 세상은 늘 공평하니까 당신에게 손해를 끼친 사람은 늘 불안할 것이다. 하지만 손해를 보는 사람은 인내와 포용을 배운다. 그러니 손해 보는 것을 두려워하지 마라. 손해를 보는 것을 두려워하지 않는 사람의 마음에는 따뜻함이 가득 차 있다. 겉으로 나타나는 순종의 이면에는 너그럽고 관대한 세상이 있다.

어리석은 자가
똑똑하다고 자랑한다

미국 9대 대통령 윌리엄 헨리 해리슨은 어렸을 때 말을 잘하지 않았다. 가끔 말할 때면 항상 어리숙한 모습을 띠었다. 친구들은 그를 뚱딴지라고 놀렸다. 그러나 해리슨은 괴롭히는 아이들에게 전혀 화를 내지 않았다. 그러자 점점 많은 사람이 그를 덜떨어진 아이라고 여겼다. 집 앞에는 해리슨이 얼마나 멍청한지 보려고 하는 아이들이 자주 찾아오곤 했다.

어느 날 아이 한 명이 5센트와 10센트짜리 동전을 바닥에 놓고 해리슨에게 둘 중 하나만 가지라고 했다. 해리슨은 한참을 고민한 끝에 5센트의 동전을 선택했다. 그 모습을 구경하던 아이들이 모두 해리슨을 비웃었다. 5센트와 10센트 동전도 구분 못 하는 바보라며 웃었다. 그때부터 아이들은 해리슨을 볼 때마다 이런 장난을 치며 비웃었다. 모두가 웃는 모습을 볼 수 있다는 것을 매우 즐거운 일이라고 해리슨은 생각했다. 그래서 어떤 사람이 동전을 고르라고 할 때마다 언제나 5센트짜리 동전을 들고 기뻐했다.

그 모습을 본 해리슨의 어머니는 "5센트와 10센트를 구분하는 법을 알려줄 테니 나중에 그들이 또 너를 놀리면, 10센트를 들어서 그들에게 보여주렴."이라고 말했다.

"어머니 저는 10센트짜리를 분명히 알아요. 하지만 만약 제가 10센트짜리 동전을 가져오면 더 이상 저에게 선택하라고 하지 않을 거예요. 재미없어하겠지요."

어머니는 해리슨의 말을 듣고 매우 현명한 아이라는 것을 알았다. 그를 비웃는 사람들이 사실 어리석은 것이었다.

세상에는 똑똑한 사람이 헤아릴 수 없이 많다. 하지만 정말 큰 일을 해낼 수 있는 사람은 극히 드물다. 오히려 다소 부족하더라도 성실하고 충실한 사람이 성공한다.

지혜가 뛰어난 사람은 일부러 어리숙한 모습으로 경쟁자들의 경계심을 없애고 안전하게 자신의 목표에 도달한다. 그로 인해 경쟁자들은 그의 모습에서 어떤 꼬투리를 잡을 수 없고 정보도 캐낼 수 없게 된다. 경쟁자에게 우월감을 심어주면서 자신은 안전지대로 대피하는 격이다.

우리가 아무리 대단한 능력이 있다 해도, 넓고 아득한 우주에서는 큰 바다에 던져진 모래알처럼 미미한 존재에 불과하다. 뛰는 놈 위에 나는 놈이 있듯 능력이 출중한 사람은 헤아릴 수 없을 만큼 많다. 당신이 전문 분야에서 가장 뛰어난 사람이라 해도 다른 분야에서는 열등생일 수밖에 없다. 그러니 스스로를 너무 대단하게 여기지 마라. 늘 겸손하게 상대를 대하고 배우는 자세로 임해야 한다.

겸허한 자에게는 어린 아이도 스승이 된다. 진정으로 자신의 미흡함과 세상의 위대함을 이해하면 더 나은 방향으로 인생을 설계할 수 있고 더불어 사는 사회의 가치를 실현할 수 있다. 부디 자신의 똑똑함에 자아도취되지 마라. 만일 상대가 만만하게 보인다면 그는 당신이 생각하는 것보다 훨씬 고수이며 지혜로운 자이다.

◆ 나를 바꾸는 하버드 인생 지혜

하버드대학은 예로부터 최고의 대학이자 지혜의 상징으로 여겨져 왔다. 그러나 하버드대학의 교수들은 "당신이 얼마나 똑똑한지 자랑하지 마라. 정말 똑똑한 사람은 똑똑해보이지 않는다."라고 말한다. 진짜 똑똑한 사람은 항상 자신의 지혜를 어리석음으로 포장하고, 우둔한 척, 바보인 척한다. 그러다 적당한 때가 되면 진짜 자신의 실력을 보여준다.

작은 것을 양보해야 큰 것을 얻는다

1968년 미국 대선은 넬슨 록펠러 민주당 후보와 닉슨 공화당 후보의 대결이었다. 넬슨의 브레인 키신저는 닉슨과 대립하는 입장이었다. 넬슨의 성공적인 대통령 선거를 돕기 위해 키신저는 언론과 대중 앞에서 닉슨을 공격하고 헐뜯었다. 그는 닉슨이 숙명적으로 2인자가 될 운명이라고 비꼬며 차라리 부통령 자리를 놓고 전력투구하라고 조언했다. 키신저는 닉슨이 미국 역사상 가장 위험한 대통령이 될 것이라고 주장했다. 그런데도 선거 판세는 갈수록 공화당으로 기울었다. 민주당은 준비 부족으로 점점 밀리다 결국 대선에서 패배했다.

선거 패배로 민주당의 싱크탱크였던 키신저는 정계에서 일할 기회를 잃었다. 이때 닉슨은 상대를 비난하지 않고 오히려 자신을 욕보인 상대에게 화해를 청했다. 그는 진심으로 키신저가 자신의 참모진에 합류하기를 바랐다. 키신저는 확실히 훌륭한 외교 인재였기 때문이다. 또한, 치열한 선거로 미국 정부의 이미지가 악화되었으므로 개선해야 한다는 전략도 깔려 있었다. 키신저에게 관용을 베푸는 것은 공화당과 민주당의 관계를 완화시킬 뿐만 아니라 민중의 지지까지 얻을 수 있는 기회였다.

당연히 키신저는 닉슨의 제안을 거절했다. 하지만 닉슨은 여러 차례 키신저를 만나 설득했다. 그는 닉슨의 넓은 아량과 뛰어난 인재를 알아보는 능력에 감탄했다. 나중에 키신저는 "대외정책에서 닉슨은 1956년 이래 모든 대통령 후보보다 낫다."라는 찬사를 보냈다. 정치 무대와 국제 무대에서 닉슨을 위해 책략을 세우는 데 적극적으로 나섰다.

누구든지 허영과 소망에 승부욕을 드러낸다. 무조건 이겨야 한다는 생각에 집착해 상대의 허점이나 약점을 공격한다. 상대도 마찬가지여서 약한 존재로 취급받기 싫어 공격에 맞서 더 가열차게 비난과 조롱을 퍼붓는다. 세상에는 누구든지 자신이 약자이고 싶은 사람은 없다. 그래서 약한 모습을 보이는 사람이 드물고 상대의 의견에 무조건 순응하는 사람은 더더욱 없다. 다만, 공격을 피하고 갈등과 다툼이 싫어 양보하는 사람만 있을 뿐이다. 그들은 일부러 약한 모습을 드러내며 상대의 공격으로부터 한 발 뒤로 물러선다. 정중히 예의를 차리고 타협을 유도한다. 적대적 관계를 개선하고 우호적 관계를 맺으려는 의도이다. 공격을 공격으로 받아친다면 설령 승리한다 해도 상처뿐인 영광이라는 사실을 잘 아는 까닭이다.

만약 머리를 높이 드는 사람이 되고 싶다면 먼저 머리를 숙이는 법을 배우자. 또한, 다른 사람의 도움이 필요하다면 먼저 상대방에게 예의 바르게 대해야 한다. 양보하는 것은 겸손한 태도와 타협하는 마음을 뜻한다. 당신이 양보한다면 상대방은 긍정적인 자세로 돌아선다. 복수를 취소하고 품었던 원한도 사르르 푼다. 그러므로 상대방을 정복하는 가장 좋은 방법은 적대적인 감정을 해소하고 자기 편으로 끌어들이는 것이다.

◆ 나를 바꾸는 하버드 인생 지혜

미국의 석유 사업가 폴 게티는 “일을 할 때 시야가 좁고 앞만 보는 사람은 숨겨진 기회를 발견하지 못한다.”라고 말했다. 인간관계에 투자할 줄 알아야 한다. 작은 일이라도 남을 돕고 겸손하게 양보하자. 상대방의 자존감을 높여주면 그는 자연스레 당신을 돕는다. 잠깐의 용기를 뽐내지 말고 눈앞의 이익에 연연하지 마라. 당신이 진정으로 자신을 낮춘다면 반드시 상대의 진심을 얻을 수 있다.

타협할 줄 아는 것은 지혜의 산물이다

아무리 부자이고 오만한 사람이라도 삶의 거센 풍파 앞에서 허리가 휘는 것은 똑같다. 타협할 줄 아는 사람은 세상 물정에 밝아 굽힐 줄도 안다. 너무 우쭐대는 사람에게는 비난이 따르기 쉬운데 명성이 높을수록 받는 공격이 크기 때문이다. 그래서 타협할 때는 잘난 체해서는 안 되고 스스로를 낮춰야 한다. 상대에게 인정받는 비결이고 사람이 따르도록 하는 비법이다.

삼국시대에 조조가 유비를 잔치에 초대했다. 유비는 조조의 의중을 몰라 안절부절못하면서도 겉으로는 마음껏 마셨다. 두 사람이 한창 거나하게 마셨을 때, 하늘에 갑자기 먹구름이 짙게 깔리더니 당장 폭우가 쏟아질 것처럼 보였다. 이때 조조가 유비에게 말했다.

"당신은 사방을 두루 돌아다녀서 현세의 영웅들을 잘 알고 있을 것입니다. 이 영웅들에 대한 당신 생각을 말해주실 수 있겠습니까?"

한참을 생각하던 유비는 원술·원소·유표·손견·유장·장로 등 유명한 장수에 대한 자기 생각을 말했다. 유비가 말을 마치자, 조조는 그 사람들은 모두 평범하고 무위도식하는 사람들인데 어떻게 영웅이라고 할 수 있겠냐며 웃었다. 유비가 되물었다.

"제가 아는 사람은 이들뿐인데 승상께서는 어떤 고견이 있으십니까?"

조조는 영웅은 모름지기 큰 뜻을 품어야 한다고 말했다.

"그럼 승상은 이 세상에 누가 큰일을 감당할 수 있다고 생각하십니까?"

유비 물음에 조조는 한바탕 크게 웃고 나서 손가락으로 유비를 가리키고 또 자신을 가리키며 말했다.

"오늘날의 영웅 중 그 임무를 맡을 사람은 당신과 나밖에 없을 것입니다."

유비는 이 말을 듣고 놀라 들고 있던 젓가락을 땅에 뚝 떨어뜨렸다. 마침 밖에 천둥소리가 요란하고 비바람이 몰아쳤다. 유비는 일부러 놀라는 척하며 허둥지둥 허리를 굽혀 젓가락을 집어 들었다. 그 모습을 본 조조는 더 크게 웃으며 사내대장부가 천둥

소리도 무서워하느냐고 비꼬았다. 조조는 유비도 다른 사람들과 같을 뿐이라고 생각했다.

유비는 큰 뜻을 품고 있는 사람이었다. 조조에게 일부러 나약한 모습을 보여주며 자신에 대한 경계심을 풀도록 유도했다. 총명한 유비는 이 기회로 조조의 의심에서 비켜나 자기 계획을 발전시킬 안정적인 환경을 얻었다.

큰 뜻을 품고 있는 사람은 호언장담하지 않고 돌다리도 두드리며 건너듯 모든 상황에서 신중을 기한다. 어느 땐 일부러 나약한 모습을 보여주며 자신에 대한 경계심을 풀도록 유도한다. 상대의 의심에서 비켜나 자기 계획을 발전시킬 안정적인 환경을 얻는 것이다.

인간사는 외줄타기와 같다. 자유자재로 마음을 굽히고 펼 줄 아는 경지에 이르면 힘들고 어려운 고난과 마음의 어려움도 무사히 헤쳐 나갈 수 있다. 마음을 자유자재로 굽히고 펼 줄 알면 좌절과 치욕은 다시 일어서는 힘이 된다. 더불어 사는 세상이기에 자신의 의지대로만 살아갈 수 없다는 사실을 기억해야 한다. 현실적인 면을 고려해 자기주장을 굽히고 조정할 줄 알아야 한다. 더 멀리 뛰기 위한 성공을 향해 앞으로 나아갈 수 있도록 밀어준다.

◆ 나를 바꾸는 하버드 인생 지혜

하버드대학 심리학 박사 웨샤오둥岳曉東은 “좋은 심리 상태를 가진 사람들은 타협할 줄 알고 억울함을 견디며 고생을 견딜 줄 안다.”라고 말했다. 어쩔 수 없이 머리를 숙여야 할 때 우리는 몸을 수그리고 평화를 얻어야 한다. 잠깐의 억울함은 장기적인 이익을 위해 필요하다. 겸손함으로 다른 사람의 경계와 경각심을 누그러뜨릴 때 당신에게 평화가 찾아온다.

PART 7

사고의 깊이가 인생의 넓이를 결정한다

Harvard's 100-Year
Traditional Relationship Class

✦ ✦ ✦

하버드대학은 창의력과 독자적 사고를 중요하게 여긴다. 학생들은 입학하자마자 생각하는 법을 배우라는 가르침을 반복해서 받는다. 생태계의 다른 생물과 비교하면 사람은 아주 작지만 세상을 지배하고 있다. 오직 생각하는 힘이 그렇게 만들었다. 사고는 인간의 타고난 능력이다. 생각하지 않으면 아무 의미 없이 떠다니게 된다. 생각하는 사람이 성장하고 발전한다.

편안할 때도
위기의 때를 생각하라

대부호 리카싱은 거대한 상업 왕국을 소유하고 있다. 어느 기자가 리카싱에게 "이렇게 훌륭하게 성공하기 위해 무엇을 의지했나요?"라고 물었다. 리카싱은 "공부입니다. 성공을 위해 끊임없이 공부했습니다. 알지 못하는 시대를 알아야 했고, 모르는 분야를 탐구해야 했습니다."라고 대답했다. 이것이 바로 리카싱의 성공 비결이다. 그는 어려서부터 근면하게 열성적으로 공부했고 어떤 경우에도 공부하는 것을 잊지 않았다.

리카싱은 젊은 시절 아르바이트를 하면서 계속 공부했다. 창업한 뒤에도 그는 공부를 포기하지 않았다. 매일 저녁 잠자기 전에 그는 꿈쩍도 하지 않고 책만 보았다. 어떤 때는 하루에 열 시간이 넘게 일하면서도 여전히 외국어 공부를 계속했다. 그는 개인 교사를 초빙해 매일 아침 7시 반에 수업을 듣고 출근했다.

영어 공부에 매달리다 보니 리카싱은 다른 기업인과 뚜렷한 차이를 보였다. 영어를 잘했기 때문에 영국과 미국으로 직접 날아가 각종 전시회에 참여해서 외국인 컨설턴트·은행 고위층과 영어로 직접 상담하고 교류할 수 있었다.

노년에 들어서도 리카싱은 여전히 독서를 즐기며 매일 꾸준히 공부했다. 그는 "지식과 경제가 급성장하는 지금, 지식이나 최신 정보가 없으면 어떤 업종에 종사하든 도전할수록 실패할 가능성이 크다. 하지만 지식은 있지만 자금이 없다면 작은 희생을 통해 큰 보답을 얻게 되고 성공할 확률이 높아진다. 10년 전과 비교하면 성공으로 가는 길목에서 지식과 자금의 역할은 완전히 달라졌다."라고 말했다.

리카싱은 위기를 대비하는 의식이 강했다. 그가 말한 '공부'는 단순한 학습이 아니다. 미래 사회 변화를 읽어내며 미리 준비하고 대비했다. 오늘을 살고 있지만 5년 후, 10년 후를 산 셈이다. 우리도 위기를 미리 대비하는 중요성을 알아 경쟁에서나 시대 흐름에 뒤처지지 않아야 한다. 근면하지 않은 사람은 항상 주변의 위험을 무시하고 잠재적인 경쟁 상대를 가볍게 본다. 그 결과는 쓰다. 뒤늦은 후회는 소용없는 결과물이다.

어떤 일에 누군가는 사전에 대비한다. 양적 변화가 질적 변화를 일으켜 돌이킬 수 없는 실수를 저지르지 않도록 노력하는 것이다. 우리는 일상에서 위기의식을 가지고 고난을 미연에 방지할 줄 알아야 한다. 이렇게 하면 불필요한 번거로움을 피할 수 있다. 어떤 일이든 사전에 준비돼 있으면 당황스럽지 않다. "앞일을 미리 생각지 않으면 반드시 걱정거리를 만나게 된다."라는 속담이 있다. 미래를 위해 오늘 준비해야 할 일이 있다는 의미로 쓰인다. 자신이 세운 목표를 이룰 때 무엇이 요구되는지 타진해보며 지금부터 준비하라는 것이다. 이를 실행하려면 선견지명으로 미래를 내다보고 유비무환의 자세로 오늘을 살아야 한다.

◆ 나를 바꾸는 하버드 인생 지혜

경영학의 대가 리처드 파스칼은 "21세기의 가장 큰 위기는 위기감이 없는 것이다."라고 말했다. 항상 위기감을 유지해야 꾸준히 노력하고 발전할 수 있다. 어떤 삶의 궤적을 따라가든지 위기의식, 신중함, 위기에 대비하는 마음을 가져야 순탄한 상황을 유지할 수 있다. 위기를 기회로 바꾸는 능력도 생긴다.

올바른 선택을 했다면 주저하지 마라

매우 부지런한 젊은이가 있었다. 여러 방면에서 주위 사람들보다 나았지만 도전하는 일에서 성공한 적이 없었다. 그는 하늘이 매우 불공평하다고 느꼈다. 그는 가까운 산에 지혜로운 사람이 있다는 소식을 듣고 그에게 가르침을 청하기로 하였다.

지혜로운 사람은 젊은이의 이야기를 듣고 자신의 세 제자와 함께 산에 가서 나무를 베어오라고 했다. 젊은이와 제자 세 명이 돌아올 때 땀을 뻘뻘 흘리며 땔나무 두 묶음을 메고 비틀거리며 돌아오는 젊은이가 보였다. 그의 두 제자는 앞서거니 뒤서거니 하며 젊은이의 뒤를 따르고 있었다. 앞선 제자는 좌우로 땔감을 한 쪽에 네 묶음씩 짊어지고 빠르게 걸어왔다. 그리 힘들어 보이지 않았다. 그러나 맨 뒤의 제자는 빈손으로 가볍게 따라오고 있었다. 세 사람이 땔감을 내려놓을 때 강 위로 세 번째 제자와 나무

여덟 단이 쌓인 뗏목이 멈춰 섰다.

지혜로운 사람은 "각자가 베어온 나무가 마음에 드느냐?"고 물었다. 젊은이는 온 얼굴에 흐르는 땀을 닦으며 말했다.

"사부님, 저에게 다시 한번 기회를 주십시오. 저는 처음에 나무 여섯 다발을 베었습니다. 그런데 메고 오는 도중에 힘들어 두 다발을 버렸고, 또 힘이 들어 두 뭉치를 더 버렸습니다. 비록 땔감을 두 묶음만 메고 왔지만 그래도 저는 정말 최선을 다했습니다."

다른 두 제자는 "저희 두 사람은 나무를 두 묶음씩 베었고, 네 묶음을 멜대로 멨고 별로 힘들지 않았습니다. 그리고 도중에 젊은이가 버린 땔감도 이렇게 짊어 왔습니다."라고 말했다.

뗏목을 탄 제자는 "저는 키가 작고 힘이 약해 두 묶음은 고사하고 한 묶음이라고 해도 제가 멜 수 있을 거란 보장이 없었습니다. 그래서 곰곰이 생각해본 결과 물길로 이동하는 걸 택했습니다."라고 말했다.

제자들의 이야기를 듣고 지혜로운 사람은 젊은이에게 "혼자서 꾸준히 자신의 길을 가는 것도 좋지만 그 길이 맞는 길인지 아닌지가 관건이다."라고 말했다. 자신의 상황과 능력에 따라 다른 길을 선택해야 한다는 의미였다. 젊은이는 그 말에 큰 깨달음을 얻었다.

우리도 이야기 속 젊은이와 같지 않은가. 노력해도 성공할 수 없을 때가 있다. 그럴 때면 자신에게 매우 실망한다. 자신에게 운이 따르지 않는다고 탓하며 시간을 보낸다. 이야기 속 젊은이처럼 노력을 많이 기울이고 수많은 시도를 계속해도 자신이 노력하는 방향을 바꾸지 않으면 결코 만족스러운 결과를 얻기 어렵다. 당연히 남을 따라잡을 수도 없다. 자신이 할 수 있는 일이 무엇인지, 해낼 수 없는 일이 무엇인지 분명히 알자.

선택은 중요도에 따라 비중이 다르지만 모든 선택이 다 중요하다. 선택은 방향성을 가지고 있기 때문에 선택하면 그 방향으로 가야 한다는 것을 의미한다. 만약 도중에 후회하고 되돌아간다면 그동안 쏟아부은 노력은 헛수고가 된다. 만약 그 길의 끝에서 원하는 결론이 아니라는 것을 깨닫는다 해도 그땐 이미 늦은 뒤다. 그러므로 모든 결정을 내리기 전에 신중해야 한다. 옳은 길을 선택해야만 원하는 성공을 얻을 수 있다.

◆ 나를 바꾸는 하버드 인생 지혜

이미 한 것, 지금 하는 것, 앞으로 해야 할 것에 대한 확신을 가지자. 자신을 위한 올바른 선택을 할 수 있다면 미래를 움켜쥘 수 있다. 자신의 헌신과 보답이 비례하지 않는다고 한탄해서는 안 된다. 불평할 시간에 자신에게 맞는 일을 고민하라.

목표가 있다면
오늘부터 나아가야 한다

1984년 도쿄 국제 마라톤 대회에서 일본 선수 야마다 혼이치가 세계 챔피언에 올랐다. 전 세계 사람들은 무명이었던 그가 어떻게 이런 놀라운 성과를 거두었는지 궁금해했다. 그는 자서전에서 그 비밀을 밝혔다.

"매 경기 전에 차를 타고 경기 코스를 자세히 살펴보았습니다. 길을 따라가며 눈에 띄는 지표를 그렸습니다. 예를 들어 첫 번째는 은행, 두 번째는 큰 나무, 세 번째는 빨간 집 등을 결승점까지 계속 그린 것입니다. 이것은 제 목표점이 되었지요. 경기가 시작되면 100m 속도로 1차 목표를 향해 돌진했고, 1차 목표를 달성하면 같은 속도로 2차 목표를 향해 돌진했습니다. 40여 km의 경주 코스는 제게 작은 목표들로 나뉘어 있었지요. 그래서 가볍게 뛸 수 있었습니다. 처음에는 이런 방법을 몰랐습니다. 40여 km 떨어진 결승선 위의 깃발에 목표를 두었는데, 결국 십여 km가 되었을 때 지칠 대로 지쳤습니다. 저는 아직도 갈 길이 많이 남았다는 사실에 좌절했지요. 그래서 방법을 바꾼 것입니다."

우리는 목표의 힘이 얼마나 큰지 안다. 그러나 혼이치의 이야기는 큰 목적을 단계로 나누어 하나씩 달성해 나가는 것이 더 현명한 것임을 강조한다. 옛말에 "예견하면 성공하고 예견하지 못하면 실패한다."라는 말이 있다. 어떤 일을 하든 일단 준비하면 성공하고 그렇지 않으면 실패한다는 뜻이다. 얼마나 멀리 갈 수 있느냐에 따라 그만큼의 업적이 생긴다. 저 멀리까지 생각하는 사람은 필연적으로 상당히 큰 청사진을 그리지만, 예견하지 못하는 사람은 발밑의 그림자만 본다.

무슨 일이든 계획 없이 다급하게 착수하지 말고 단계별 세부 계획과 중간 점검의 시간을 넣어 실행에 옮기자. 목표를 향해 가는 과정에서 예상치 못한 변수가 일어날 수 있다. 최종 목표 안에 단계별 계획이 있다면 변수에 대응하기가 쉽다. 또한 한 단계를 성취해 나가면서 자신감이 붙고 지친 마음에 에너지와 동기를 불어넣을 수 있다. 단기, 중기, 최종의 3단계에 세부적 계획을 밀도 있게 채워보자.

'예견성'이란 미래를 생각하는 능력이다. 놀라운 발전을 이루려면 멀리 내다보는 탁월한 식견을 가져야 한다. 목표를 가진 사람만이 나아갈 방향을 정확히 본다. 기회를 포착하고 기회에 따라 행동하고 때에 맞게 움직여야 성공할 수 있다. 반면, 눈앞의 성공과 이익에만 급급한 사람은 발전에 대한 안목을 가지지 못한다. 그로 인해 장기적인 목표를 고려할 수 없다. 기회를 잡지 못하고 치열한 경쟁에서 낙오된다.

"멀리 내다볼 수 없으면 반드시 가까운 걱정이 있다."라는 속담을 기억하자. 미래를 생각지 않고 예견하지 못하는 사람은 눈앞의 이익만 볼 뿐이다. 시야가 좁아 문제를 볼 때 본질을 볼 수 없다. 일의 미래 발전 방향도 예측하지 못한다. 따라서 계획을 잘 세울 수 없고 어떤 성과도 이룰 수 없다.

◆ 나를 바꾸는 하버드 인생 지혜

하버드대학 의학박사이자 미국 성공학의 창시자 오리슨 스웨트 마든은 "꿈을 현실로 만들려면 반드시 세 가지를 해야 한다. 첫째는 정확한 예견, 둘째는 깊은 생각, 셋째는 실행에 옮기는 것이다."라고 말했다. 올바른 예견은 바른 행동을 담보하는 필연적인 전제이다. 정확한 예견이 있으면 마음속에 큰 청사진을 그릴 수 있다. 하나의 성공에서 다른 성공으로 나아가 더 높고 더 좋은 경지에 오를 수 있다.

반성은
자신을 성숙하게 한다

남성과 여성이 같은 회사의 채용시험에 응시했다. 이 회사는 두 사람이 3일 동안 세 차례 시험을 치르게 했다. 첫 시험에서 남자는 95점, 여자는 90점으로 여자가 뒤처졌다. 두 번째 시험의 시험지가 배부되었을 때 남자는 시험지가 처음과 똑같아서 답답함을 느꼈다. 하지만 감독관이 잘못된 게 없다고 하자 그는 더 이상 생각지 않고 같은 문제를 다시 풀었다. 두 번째 점수가 나온 뒤에도 남자는 95점으로 1위를 했다. 여자는 2위였지만 이번에는 93점을 받았다. 3차 시험도 시험지가 여전히 앞의 두 시험지와 완전히 같았다. 시험 감독관은 여전히 이렇게 말했다.

"진지하게 답안을 작성하세요, 질문은 받지 않습니다!"

두 수험생은 성실하게 또 한 번 풀기 시작했다. 남자는 자신만만하고 여유롭게 30분도 안 되어 시험지를 완성하고 여자를 힐끗

보았다. 그녀는 머리를 쥐어짜며 고치기도 하고 보충하기도 하면서 심사숙고했다. 시험이 끝날 때가 되어서야 그녀는 시험지를 제출했다. 세 번째 시험 성적이 발표되었다. 남자는 여전히 95점이었고, 이번엔 여자도 95점을 맞았지만 남자는 자신이 충분히 우수하다고 생각했기 때문에 전혀 걱정하지 않았다. 하지만 4일째 되던 날 발표된 채용 결과에 그는 깜짝 놀랐다.

"우리는 당신의 점수가 마음에 듭니다. 하지만 우리는 최고점을 받은 사람을 채용한다는 약속을 한 적은 없습니다. 당신은 매번 최고 점수를 받았지만 안타깝게도 매번 답안이 모두 똑같고 변하는 게 없었습니다. 만약 우리가 경영하는 회사도 당신이 문제를 푼 것처럼 늘 하나의 방식으로만 경영한다면 결국 도태되지 않을까요? 우리가 필요로 하는 직원은 스스로 성찰할 줄 아는 사람이어야 합니다. 반성하고 오류를 발견하는 데 능한 사람만이 발전할 수 있습니다. 직원이 발전해야 회사도 발전합니다. 이것이 우리가 같은 시험지를 사용한 이유입니다. 시험을 치르는 것은 지식뿐 아니라 반성하는 능력과 발전 능력을 함께 보는 것입니다."

반성하길 즐기지 않거나 아예 반성하지 않는 사람은 성장할 수 없다. 반성이란 생각하며 자신을 깊이 들여다보는 것이다. 자신의 언행을 검토하고 어떤 부분이 잘못되었는지, 개선할 점이 있는지 살펴야 한다.

예나 지금이나 성공한 사람은 어제 일을 돌이켜본다. 그 안에서 자신의 과오나 미흡했던 부분을 찾아내고 같은 실수를 반복하지 않기 위해 노력한다. 이것만한 성공 전략이 없음을 그들은 안다. 자신의 경험이 부족하다면 책이나 기록, 정보에서 이전 세대 혹은 선배들의 과오나 실수를 찾아봐도 좋다.

아이러니하게도 세대를 막론하고 같은 실수가 반복되고 다른 사람이 이미 경험하고 반성한 실수를 뒤늦게 자신이 하는 경우가 많다. 어떤 일을 하기에 앞서 자신이 조심해야 할 부분이나 주의를 기울여 행해야 할 사항들을 점검하면 실패의 확률을 줄일 수 있다. 완벽하려 하기보다 똑같은 실수를 반복하지 않으려는 마음가짐이 더 가치가 있다.

◆ 나를 바꾸는 하버드 인생 지혜

하버드대학에서 컴퓨터학과 심리학을 전공한 페이스북 창업자 마크 저커버그는 "대학을 다닐 때 저는 수많은 어리석은 짓을 했습니다. 그러나 저는 핑계대지 않고 진지하게 반성했습니다."라고 말했다. 반성은 사람을 더욱 성숙하게 이끈다. 반성을 통해 끊임없이 자신을 생각하고, 자신을 알아가고, 개선하기 때문이다.

꿈꾸는 것만큼 도전하게 된다

수십 년 전 미국 뉴저지주 역에 남루한 옷차림의 사람이 내렸다. 그의 이름은 에드윈 바니스였다. 그는 대발명가 토마스 에디슨의 파트너가 되길 원했다. 에디슨의 회사를 찾아간 그는 직원에게 자신이 에디슨의 파트너가 되겠다고 했지만 야유를 받았다.

하지만 바니스는 포기하지 않았다. 결국 에디슨의 귀에 이 소식이 들어갔다. 에디슨은 그가 회사의 청소부와 설비 수리공을 맡도록 허락하였다. 바니스는 이 자리에서 몇 년 동안 일했다.

그러던 어느 날, 에디슨의 제품판매원들이 새로운 발명품을 비웃고 있다는 소식을 들었다. 그것은 바로 구술기록기였다. 사람들은 비서가 기계보다 유용할 것이기 때문에 그것이 팔리지 않을 것이라고 여겼다. 그러자 바니스는 일어서서 "제가 해보겠습니다. 저는 팔 수 있을 것 같습니다."라고 말했다.

그는 청소부에서 판매원으로 변신했다. 한 달 동안 바니스는 뉴욕 전역을 돌아다녔다. 오랜 노력이 마침내 빛을 발했고 그는 7대의 구술기록기를 팔았다. 그리고 에디슨의 진정한 비즈니스 파트너가 되었다.

사실 바니스는 이 목표를 이루기 위해 그동안 거의 모든 것을 내려놓았다. 마음에서는 에디슨과 파트너가 되겠다는 생각밖에 하지 않았다. 그는 스스로 에디슨의 파트너 입장에서 문제를 생각했다. 다시 말해, 공식적으로 에디슨의 파트너가 되기 전부터 자신이 이룰 목표를 확고하게 정했다는 의미이다. 그의 목표는 에디슨과 같은 성공한 사람이 되는 것이었다. 현실에서 그는 보잘것없는 직원이었지만, 그의 생각 속에선 이미 왕이었다.

사람의 생각에 따라 그가 이룰 수 있는 것들이 달라진다. 생각이 깊을수록 성공의 길은 탄탄하다. 번뜩하는 아이디어로 승부를 걸지 말고, 일희일비하는 기분으로 미래를 설계하지 마라. 오늘 안 된다고 미래를 몽땅 접어버리면 안 된다.

어떤 각오로 자신이 하는 일에 집중하느냐에 따라 결과가 달라진다. 세 명이 똑같이 담을 쌓고 있지만 단순히 벽을 쌓고 있다고 생각하는 사람과 고층 빌딩을 짓고 있다고 여기는 사람의 마음가짐은 다르다. 마지막 한 명은 도시를 건설하고 있다고 생각한다면 누가 쌓은 담이 훨씬 근사하겠는가? 그리고 몇 년 뒤 과연 누가 더 성공할 수 있을까?

생각의 크기만큼 성공의 길도 다르다. 깊이 사고하기 싫은 사람은 제자리걸음만 하게 마련이다. 삶이 끝날 때까지 아무것도 성취하지 못한다.

성공하는 길은 천만 가지나 된다. 진지하게 찾으면 항상 자신의 발전에 적합한 길을 찾을 수 있다. 자신의 여건에 따라 생각을 많이 하고 자신이 성공할 수 있는 길을 택하라. 남들 뒤만 따라가다 보면 언제나 한 발 늦다. 자신이 할 수 있는 분야의 정보를 모으고 자료를 분석하자. 남다른 시각으로 세상을 바라보면 좋다. 그러기 위해선 우리에게 혜안이 필요하다.

◆ 나를 바꾸는 하버드 인생 지혜

하버드대학 제21대 총장인 엘리엇은 "인류의 희망은 지식 선구자의 사고에 달려 있다. 그들이 생각하는 일은 보통 사람들보다 몇 년, 몇 세대 이후의 일이다."라고 말했다. 인생에는 성공의 가능성이 열려 있다. 오직 당신이 생각하고 노력하기에 달려 있다. 성공은 때때로 단지 사람들이 한 번의 기회를 무시할 때에 포착된다. 순간순간 기회를 포착할 수 있는지는 초인적인 사고방식을 가지고 있는가에 달려 있다.

발상을 전환하면
일은 쉽게 풀린다

ㅇㅇ호텔은 건설 당시 엘리베이터를 1대만 설치했다. 하지만 갈수록 투숙객이 많아지며 불만이 폭주했다. 이 문제를 해결하기 위해 사장은 건축가를 찾아와 개선해주기를 희망했다. 건축가는 며칠을 고민했지만 뾰족한 해결책을 찾지 못했다.

하루는 사장과 건축가가 로비에서 이 일로 입씨름을 했다. 지나가던 청소부가 그 소릴 듣고 "내가 건축가라면 건물 밖에 리프트 한 대를 설치할 텐데."라고 말했다. 청소부의 이야기를 들은 사장과 건축가는 엘리베이터 추가 설치가 의외로 간단하다는 사실을 깨달았다.

해결되지 않는 문제의 경우 생각의 각도만 바꾸면 금세 간단해진다. 일상의 상황에서는 사람들의 사고방식으로 문제를 해결할 수 있다. 하지만 때때로 통상적인 사고방식으로 해결되지 않는 문제가 발생한다.

그런데 인간은 게으른 동물이라서 한번 생각하는 방법이 패턴화되면 다른 방법으로 문제를 잘 생각지 않는다. 그래서 자신이 알고 있는 지식과 관념을 동원해 그 범위 안에서 결정하려 한다. 그로 인해 다른 해결 방법을 찾는 데 어려움을 겪는다. 타인의 자문과 새로운 제안도 거부한다. 자신의 기준이 완고해서 받아들이기 어렵기 때문이다.

사유가 한계에 부딪히면 생각을 바꿔야 한다. 미국 사상가 스탠리 아놀드는 "문제 하나하나는 해결의 씨앗을 담고 있다."라고 말했다. 모든 문제에 해결책이 있다는 중요한 사실을 강조한 것이다. 문제는 그 자체로 해결책을 담고 있으므로 우리는 머리를 써서 그것을 찾아내야 한다. 더불어 자신의 머리가 굳지 않도록 끊임없이 생각을 바꾸려면 반드시 이전의 사고방식을 타파해야 한다.

우리의 발전을 방해하는 가장 큰 요소는 "이미 알고 있는 것이다."라고 프랑스 생리학자 클로드 베르나르가 지적했다. 고정화된 사고 패턴은 문제를 쉽게 해결할 수 있게 하고 시간을 많이 절약해주는 이점은 있으나 이미 알고 있는 것은 새로운 방법 구상과 지식 흡수를 막는 '사고의 족쇄'임도 분명히 알아야 한다.

창의적인 사람이나 과감하게 무언가를 시도하는 사람들은 언제나 탐구하며 틀에 박힌 고정 관념을 타파한다. 익숙지 않은 것을 선택하고 용기 있게 도전한다. 자기만의 경험으로 인생 경력을 쌓기를 바라는 것이다.

고정 관념에서 벗어나면 문제를 해결하는 방법이 여러 가지라는 것을 알게 된다. 그 안에서 가장 좋은 방법을 선택할 수 있기에 더욱 효과적으로 문제를 해결할 수 있다. 융통성 없이 한 가지 방법만 고수하면 틀림없이 한계에 부딪히고 만다. 미지의 영역에서 두뇌의 기능이 활성화된다.

끊임없이 변화하는 시대 속에서 틀에 박힌 고정 관념을 타파할 용기 있는 사람이 똑똑한 사람이다. 그들은 기존에 고수하던 마음가짐을 바꿔 자신에게 도전하고 새로운 개념을 정립한다. 내면을 보완하여 새로운 자신을 계발하기에 힘쓴다.

고정된 관념을 훌훌 털어버리자. 사회가 발전하면 개인도 발전해야 한다. 고정 관념에서 벗어나 성공의 대문을 열고 앞서 나아가기를 바란다.

◆ 나를 바꾸는 하버드 인생 지혜

사고의 방향이 빠져나갈 길을 결정한다. 두뇌가 민첩하게 작용해 유연한 사고를 가진 사람만이 변화 속에서 생존하고 발전할 수 있다. 일의 발전과 예상이 맞지 않는다고 느낄 때 과감하게 낡은 사고방식을 버리면 문제는 쉽게 풀린다.

실천하지 않으면
쓸데없는 계획일 뿐이다

실비아는 누가 보아도 부러워할 가정에서 자랐다. 그녀의 아버지는 외과의사, 어머니는 대학교수였다. 어릴 적부터 TV프로그램 진행을 꿈꾸어 온 그녀에게 부모는 경제적 지원과 사회적 관계를 제공했다. 그녀는 자신에게 천부적인 진행자의 재능이 있다고 느꼈다. 사람들이 그녀에게 다가서기를 원했고 소통하며 자기 속마음을 털어놓았다. 그녀는 누군가 한 번만 TV에 출연할 기회를 준다면 꼭 성공할 수 있다고 생각했다.

그런데 이 꿈을 이루기 위해 그녀는 뭘 했을까? 아무것도 없었다. 그녀는 그저 기적이 나타나기를 기다리고 있었다. 단숨에 TV 진행자가 되기를 바랐다. 실비아는 비현실적인 기대를 했고 결국 어떤 기적도 일어나지 않았다. 누구도 경험이 없는 사람을 TV프로그램의 진행자로 고용하지 않는다. 게다가 TV프로그램의 PD는

밖으로 나가서 인재를 찾는 것에 흥미를 느끼지 않는다. 항상 사람들이 자신을 찾아주기 때문이다.

그와 반대로 신디는 자기 꿈을 실현한 인물이다. 신디가 유명한 방송 진행자가 될 수 있었던 이유는 "꿈은 실현하지 않으면 공상에 그치고 모든 성공은 오직 자신의 노력만으로 가능하다."라는 것을 알았기 때문이다. 그는 지원해줄 가족이 없었기 때문에 앉아서 기회만 기다릴 수 없었다. 그녀는 낮에는 일하고 밤에는 야학에서 수업을 들었다. 졸업한 뒤 그녀는 일자리를 찾기 시작했다. 라디오 방송국과 TV방송국을 돌면서 문을 두드렸으나 경험이 없는 사람은 고용하지 않겠다는 답을 들었다. 하지만 신디는 움츠러들거나 의기소침하지 않았다. 밖으로 나가 또다른 기회를 찾았다. 몇 달째 방송 잡지를 꼼꼼히 들여다본 끝에 노스다코타의 작은 방송국에서 날씨예보 여성 앵커를 모집한다는 광고를 봤다. 신디는 캘리포니아 사람이어서 북방을 좋아하지 않았다. 하지만 꿈을 이루기 위해선 다른 선택지가 없었다. 신디는 이 기회를 잡아서 순조롭게 면접을 통과했고 일기예보 진행자가 되었다. 거기서 일하다가 2년 후, 신디는 로스앤젤레스로 돌아와 TV 방송국에 직업을 구했다. 5년이 지난 지금 꿈꾸던 프로그램의 사회자가 되었다.

왜 실비아는 실패하고 신디는 성공했을까? 실비아는 환상에

머물러 있었고 신디는 스스로 움직였다. 꿈을 위해 노력과 희생한 결과 꿈을 이뤄냈다. 아무리 좋은 꿈이라도 행동이 받쳐줘야 한다. 성공은 노력을 통해 쟁취된다.

성공은 생각한 것을 행동으로 옮기는 데 있다. 러시아 시인 이반 크릴로프는 "현실은 이승이고, 이상은 극락이다. 이승과 극락 사이에 물살이 급한 강이 흐르고 행동은 강 위에 세워진 다리다." 라고 말했다. 다리 없이 어떻게 이상향에 도달하겠는가. 그러므로 목표가 분명하고 이상이 확고하더라도 행동이 뒷받침되지 않으면 발전할 수 없다는 의미이다. 더없이 좋은 생각도 행동으로 옮겨야 움트고 꿈틀댈 수 있다. 좋은 아이디어가 있어도 간직한 채 실행하지 않으면 당신은 평생 성공하지 못하는 공상가에 불과하다.

성공하는 사람들과의 차이점이 여기에서 나온다. 그들은 즉각 작전에 투입될 수 있는 실행력을 갖추고 있다. 우리는 어떤가. 이리 재고 저리 재며 기발한 자기 의견을 의심한다. 자기 검열을 하면서 자신감을 잃고 단지 환상에 젖어 있다. 꿈꾸지만 현실적 이유로 행동에 옮기지 못한다. 온종일 꿈속에 잠겨 있지만 성공은 행동으로 실현되는 것임을 모른다.

패기가 없는 사람은 행동할 수 없다. 환상만 품고 행동하지 않는 사람은 실패한다. 큰 뜻이 있으나 생각에 머무르고 행동하지 않으면 누가 그것을 알아주겠는가. 부디 이 말에 자극받기 바란다.

◆ 나를 바꾸는 하버드 인생 지혜

빌 게이츠는 "성공은 생각에서 시작되지만 생각만 하고 행동으로 이어지지 않으면 성공할 수 없다."라고 말했다. 당신이 성공을 갈망한다면 행동하라. 계획이 당신의 성공을 도울 수 없다. 꿈을 실현하려면 빨리 움직여야 한다.

다수의 의견을 참고하되 스스로 결정하라

콘퍼런스에서 마이크로소프트 총 책임자 빌 게이츠는 회사에서 개발한 웹 브라우저의 정체가 심하다는 질타를 받았다. 빌 게이츠는 잠시 침묵한 뒤 참석자들에게 진심으로 사과했다. 그리고 재빨리 점차 성능 좋은 브라우저를 개발하겠다는 결정을 내렸다. 지적은 받아들이되 회사의 연구 방향과 맞으니 과정일 뿐 실패작이 아니라는 말이었다. 이후 그는 이 일에 대해 "체면을 차리는 데 시간을 낭비하고 싶지 않았다. 그건 의미가 없는 것이다. 특권은 사람을 부패시킨다. 하지만 나는 끊임없이 전진할 동력을 유지하고 싶다."라고 말했다.

빌 게이츠는 자신이 총재라는 이유로 다른 사람의 의견을 무시하지 않았다. 그는 열린 사고로 모든 의견을 수렴하고 작은 목소리에도 귀를 기울이고자 했다.

다른 사람의 의견을 듣는 것은 다른 사람의 의견으로 자기 주관을 바꾸는 게 아니다. 다른 사람의 의견을 종합적으로 고려하여 자기 생각에 반영하는 것이다. 상대의 의견은 그 사람의 입장일 뿐이다. 그 의견의 취사 선택은 당신 몫이다.

미국 성공학의 대가 나폴레옹 힐은 저서 《생각하라 그리고 부자가 되어라》에서 "돈을 못 버는 사람은 맹목적으로 남의 의견에 쉽게 영향을 받는다. 험담과 비난을 용인하며, 기자가 자기 생각대로 보도하는 것에 이의를 제기하지 않는다. 객관적이지 않은 의견은 세상에서 가장 값싼 것으로 누구나 귀담아듣고 싶은 사람에게 전해진다. 만약 결정을 내릴 때 다른 사람의 의견에 너무 쉽게 영향을 받는다면 어떤 일을 해도 성공하지 못한다. 특히 자신의 욕망을 돈으로 바꾸는 데 더 성공하지 못할 것이다."라고 말했다.

호리바 마사오는 저서 《다른 사람의 말을 듣지 말라》에서 "의존적인 사람들이 늘어날수록 그들은 스스로 생각하려 하지 않는다. 무슨 일이든 다른 사람이 무슨 생각을 하는지 묻는다. 심각한 문제에 직면했을 때 해결책은 자기 생각에서 나온다. 스스로 머리를 짜내 생각하며 방법을 찾아야 한다. 다른 사람의 의견을 듣고 순조롭게 해결될 문제는 없다."라고 말했다.

독자적으로 사고하는 사람은 스스로 생각하는 힘이 있다. 다른 사람의 사상에 영향을 받지 않는다. 그렇다고 남의 말을 전혀 듣지 않는다는 말이 아니다. 다른 이의 의견을 경청해서 듣되 자기 생각으로 치환하여 옳고 그름을 따진 뒤 사고를 확장시킨다. 그리고 자기 행동에 반영한다. 혼자 생각할 수 있는 사람은 자신의 힘만으로는 진정한 성공을 얻을 순 없다는 사실을 안다.

"보잘것없는 세 사람이 모이면 제갈량의 지혜가 나온다."라는 속담이 있다. 다른 사람의 의견에는 필연적으로 취할 점이 있다. 그래서 현명한 사람은 다수의 의견을 귀담아듣고 스스로 결정한다.

◆ 나를 바꾸는 하버드 인생 지혜

하버드대학 첫 여성 총장 드루 길핀 파우스트는 졸업식에서 "아무도 여러분의 삶을 좌지우지하지 못합니다. 오직 가장 진실한 자신만이 삶을 좌우하고 바꿀 수 있지요. 여러분의 삶의 의미는 여러분이 만들어낼 것입니다."라고 말했다. 모든 사람은 다른 사람의 의견을 들으며 자신에게 유용한 정보를 취해야 한다. 99%의 소음에서 1%의 정보를 선별하는 능력을 기르자. 자기 의견을 중심으로 1%의 유용한 정보를 종합적으로 고려하면 자신에게 유리할 결정을 내릴 수 있다.

PART 8

나를 알아야 세상이 보인다

Harvard's 100-Year
Traditional Relationship Class

하버드대학을 졸업한 미국 두 번째 대통령 존 애덤스는 사람은 자신을 잘 알아야 자기 인생을 파악할 수 있다고 했다. 자신의 장점을 더 잘 살리고 약점은 피할 때 능력이 발휘된다는 것이다. 그로 인해 인생 목표를 달성하는 힘이 생긴다. 이 힘이 당신의 삶을 진정으로 의미 있게 만든다. 내면에 담긴 힘의 원천을 열어야만 스스로 인식할 기회가 생긴다.

장점은 키우고
단점은 피하라

어느 날 소크라테스의 친구 카이레폰이 신에게 소크라테스보다 더 똑똑한 사람이 세상에 있는지 물었다. 신은 소크라테스보다 더 똑똑한 사람은 없다고 답했다. 그는 신이 한 말을 소크라테스에게 전했다. 소크라테스는 그의 말을 듣고 기뻐하기보다 오히려 망연자실한 표정을 지었다. 소크라테스는 자기가 가장 총명한 사람이라고 생각지 않았기 때문에 매우 불안했다. 그래서 신의 섭리를 꺾기 위해 지혜와 명성이 자기보다 훨씬 뛰어난 한 사람을 찾기로 했다.

그는 가장 먼저 명성이 자자한 정치가를 찾았다. 정치가는 학식이 해박한 것을 자랑하며 소크라테스 앞에서 허풍을 떨었다. 대화를 나누며 소크라테스는 무지한 정치가의 진짜 모습과 독선적인 모습을 보았다. 그는 이 정치가가 무엇이 선하고 아름다운

지 구분도 못 하면서 스스로 다 안다고 생각하는 바보라고 여겼다. 이 사람에 비해 자신은 스스로 무지하다는 것을 아니 그보단 약간 똑똑한 것 같았다.

다음에는 명성이 자자한 시인을 만났다. 시인이 읊는 시 대부분은 케케묵은 말들로 자체적으로 만든 것은 극히 적었다. 그런데 시 몇 구절만 읊을 줄 아는 시인은 안하무인의 모습을 보였다. 시인에게 실망한 소크라테스는 유명한 장인에게 조언을 구했다.

그러나 장인도 거만한 시인과 마찬가지로 자신의 재주를 믿고 여러 사람을 깔보았다. 소크라테스는 그런 모습이 우습고 싫었다. 여러 사람을 만나며 소크라테스는 신의 뜻을 깨달았다.

신의 말은 소크라테스가 가장 총명한 하다는 것이 아니라, 이를 통해 세상 사람들에게 경고하려고 한 것이다. 많은 사람 중에 소크라테스 같은 사람이야말로 가장 지혜로운 자다. 왜냐면 그는 자신이 무지하다는 것을 알기 때문이다.

한 사람의 지혜를 보여주는 것은 자신을 객관적으로 볼 수 있고 인정할 때 나타난다. 지혜로운 사람은 다른 사람의 평가에 연연하지 않는다. 겉으로 드러나는 모습에 치중하지도 않는다. 그보다는 자신의 내면을 이해하고 자신의 무지를 깨닫는데 더 집중한다. 애써 고치려 함과 동시에 자신의 장점을 긍정함으로써 장점은 기르고 단점은 피한다. 그리고 자신을 더욱 완벽하게 가꾸려고 노력한다.

투자의 귀재 워렌 버핏은 "성공적인 투자 인생에는 천재적인 지능이나 비상식적인 경제 안목, 내부 정보가 필요하지 않다. 필요한 것은 투자 결정을 내릴 때 올바른 사고 프레임과 정서적으로 통제를 잃지 않고 이성적 사고를 유지할 수 있는 능력이다."라고 말했다. 지능이 뛰어나지 못한 만큼 자신이 할 수 있는 일을 잘하려고 노력하고 자기 능력 이상의 일을 하지 않는 것이 삶의 비결이라는 것이다.

추진하는 일에 있어 자신의 힘이 미치지 못하면 일의 진행이 자기 통제에서 벗어난다. 자신 있게 아는 부분에 집중하며 그것을 통제할 수 있는 일에 승부수를 걸어야 한다. 누구나 잘할 수 있는 일도 자신이 못 한다면 의미 없는 일이 되고 만다. 교만과 충동을 내려놓고 자신을 객관적으로 인지하자. 주위에서 추켜세워주는 감언이설에 홍겨워할 필요는 없다.

자신을 아는 것은 위대한 과정이다. 자신이 어떤 사람이 되고 싶은지, 어떤 사명을 달성해야 하는지를 알아야 한다. 사람은 자신을 잘 알아야 남과 능숙하게 어울려 살 수 있다. 자신을 정확하게 인식하고 객관적으로 평가할 줄 알면 살아가는 데 커다란 이점이 된다.

◆ 나를 바꾸는 하버드 인생 지혜

자신이 무엇을 할 수 있는지 아는 것은 중요하다. 자신이 무엇을 할 수 없는지를 아는 것도 더 중요하다. 자신을 제대로 평가하지 못하는 사람은 종종 심리적 장애를 겪게 된다. 열등감과 자폐를 보이거나 나르시시즘이나 자만에 빠질 수도 있다. 그러므로 자신을 객관적으로 볼 수 있는 혜안을 가져야 한다.

감성으로
삶을 변화시켜라

샌디는 똑똑한 편이 아니었다. 공부를 열심히 했지만 학교 수업을 따라가지 못해 결국 학교를 그만둬야 했다. 그녀는 살기 위해 개인 화원을 가꾸었다. 일하며 우울해지는 것 같으면 이렇게 생각했다.

'그래, 나는 똑똑하지는 않지만 그렇다고 바보는 아니야. 내 학업 성적을 바꿀 수는 없지만 다른 것은 얼마든지 바꿀 수 있어. 무엇을 바꿀까? 그래, 나는 용감해져야 해. 그리고 적어도 좀 즐겁게 살 자격이 있어!"

이후 샌디는 완전히 달라졌다. 어떤 일을 하든지 좋은 면을 보게 되었다.

어느 날 샌디는 상원의원이 어떤 사람과 이야기하고 있는 것을 보았다. 그들로부터 멀지 않은 곳에 버려진 땅으로 쓰레기장처럼 변한 곳이 있었다. 그녀는 순간 좋은 아이디어가 떠올랐고 용감하게 상원의원에게 다가가 건의했다. "의원님, 제가 저 쓰레기장을 정원으로 바꾸는 것을 반대하지 않겠지요?"라고 말했다. 의원은 "당신의 제안은 좋지만, 시청에서 이 일을 하도록 돈을 지원할 수는 없습니다."라고 완곡하게 거절했다.

"저는 돈을 원하지 않습니다."

샌디가 말했다. 의원은 지금껏 이런 일을 겪어본 적이 없어서 매우 놀랐다. 어떻게 일을 함에 있어 돈을 받지 않는단 말인가? 하지만 샌디의 진심을 본 그는 정원을 가꾸도록 허락했다.

이튿날부터 그녀는 작업도구와 종자, 비료를 가져와 일을 시작했다. 그녀는 꽃을 피울 자신이 있었다. 그녀의 행동은 사람들의 관심을 끌었다. 돈이 되지 않는 행동이었기 때문에 매우 어리석다고 생각하는 사람도 있었지만, 그녀의 고집과 용감함에 탄복하지 않을 수 없었다. 열성적인 지지자는 그녀에게 묘목을 보내왔고, 벤치 공장에서는 무료로 벤치를 만들어주겠다고 했다.

그녀의 노력으로 점차 황폐하게 버려진 쓰레기장 같았던 땅은 정말 아름다운 공원으로 변하게 되었다. 파릇파릇한 잔디밭, 굽이도는 오솔길, 꽃들이 만발한 장미 정원. 벤치에 앉아 있으면 새울음소리도 들려왔다.

시민들은 감탄했고 샌디가 엄청난 일을 해냈다고 말했다. 이 작은 공원은 마치 생동감 넘치는 쇼윈도처럼 보였다. 세계인들에게 원예에 관해 천부적 재능을 가진 샌디를 알렸다. 이후 그녀는 풍경원예가로 유명해졌다.

자신의 삶을 스스로 선택하면 심각한 상처를 극복하는 데 도움을 준다. 동시에 작은 좌절에도 흔들리지 않을 수 있다. 삶에서 순조롭지 못할 때가 있고 상처와 좌절이 찾아들 때도 있다. 그때마다 낙담하고 싶은 마음은 우리 인생에서 언제든지 찾아들 수 있다. 때로는 자신이 겪고 있는 상황이 생각보다 더 강력한 태풍급이라도 감정 조절 능력을 키운다면 쉽게 넘어지지 않는다. 엄청난 놀라움 앞에서도 물러서지 말자. 감정이 이성적 사고로 이끌어 흔들리는 당신을 잡아줄 것이다.

◆ 나를 바꾸는 하버드 인생 지혜

하버드대학 심리학자 다니엘 골먼은 "성공의 20%는 지능이고 80%는 감성지수이다."라는 '감성지수 학설'의 주창자이다. 생명은 언제나 우리에게 의외의 기쁨을 주지만 갑작스러운 고통도 가져온다. 다행히 우리는 자신의 정서를 발전시킬 수 있다. 우리가 원하는 인생을 살도록 스스로 컨트롤하자.

내면이 강해야
우뚝 설 수 있다

세계 당구대회에서 1위 자리에 올랐던 자넷 리는 세계 스포츠계를 주름잡았지만 그녀의 지난 삶은 무척 기구했다. 4살 때 종양을 앓았고, 11살 때는 다리의 악성 종기로 고생했다. 12살 때는 척추병으로 서 있을 수 없고 걸을 수도 없었다. 허리를 굽히지 못해 하루 종일 침대에만 누워 있었다. 13살 때 의사는 그녀를 위해 등쪽에 금속 받침대를 설치해주었고, 두 개의 강철봉을 용접해 설 수 있게 도왔다. 그 후 그녀는 어깨 이두박근 근육염과 목 디스크 등으로 여러 차례의 수술을 거쳐야 했는데 그때마다 생사를 오가는 힘겨루기를 해야 했다.

자넷 리는 어둠 속에서 묵묵히 활로를 찾았다. 18살이 되었을 때 그녀는 자신의 운명을 바꾼 당구를 만나게 되었다. 승부욕이 강했던 자넷 리는 아주 빠르게 이 운동에 빠져들었다. 매일 10시간 넘게 연습했다. 가장 완벽한 드라이버 핸들을 잡기 위해 그녀는 매일 밤 잠자기 전 플라스틱 테이프로 자신의 손을 표준 자세로 고정시켰다. 기상과 목욕 시간에도 예외가 없었다.

맹훈련은 그녀의 운명을 성공적으로 바꾸어놓았다. 3년 뒤 자넷 리는 미국 여자프로당구연맹에 입단해 그해 10위 안에 드는 성적을 거뒀다. 이후 그녀는 승리를 거듭한 끝에 세계 1위의 자리에 올랐다.

그녀의 성공을 전문가들은 기적이라고 말한다. 등에 있는 금속 지지대가 받쳐줘야 똑바로 걸을 수 있는 사람, 전문 당구 훈련도 전혀 받지 않은 사람이 5년이라는 짧은 시간 안에 건강한 사람을 제치고 세계 여자 당구 선수 중 1위를 차지한 것은 신의 도움이라고 했다. 하지만 그녀는 이렇게 말했다.

"아무도 완벽하지 않다. 나 자신의 불완전함을 보면서 몸에 있던 보이지 않는 십자가를 없앴고 노력 끝에 등에 있는 십자가를 지운다."

삶은 사람에게 웃음만이 아니라 고통과 실의, 눈물과 가난을 준다. 좌절할 수밖에 없는 상황과 마주할 때 우리도 자넷 리처럼 고통과 결핍을 감수하고 승자의 자세로 용감하게 받아들여야 한다. 지나치게 완벽한 삶을 추구하지 마라. 완벽하지 않음에서 오는 상실감이 삶과 분투할 용기를 잃게 만든다.

마음이 강한 사람은 태연하게 살아간다. 자만하지 않으며 열등감에 빠지는 일도 없다. 그들은 있는 그대로 현실을 받아들이며 그 안에서 진리를 추구한다. 현재에 집중하여 무엇을 할 수 있는지, 진정으로 원하는 것은 무엇인지 고민한다. 그 결과 자기만의 길을 간다.

무한한 추측에 의존하며 시간을 보내지 말자. 차라리 자신이 추구하는 삶을 살기 위해 분투해야 옳다. 상상하는 삶과 현실의 괴리를 인정하고 실제 상황을 받아들여야 한다. 그래야만 당장 해야 할 일이 보인다. 원대한 꿈이 있다면 비관적인 현실에 좌절할 필요가 없다. 실의에 빠질 시간에 오늘 할 일이 무엇인지 생각하라.

타인의 시선과 기준에서 벗어나 오롯이 자기 인생을 살면 즐겁고 진취적인 삶을 살 수 있다. 자신을 믿어라.

◆ 나를 바꾸는 하버드 인생 지혜

피할 수 없다면 즐기라는 말이 있다. 살다 보면 뜻대로 되지 않는 일이 많다. 하지만 그것들도 다 지나간다. 귀찮은 일을 당하면 덮어놓고 피하고 자책하거나 불평불만을 가득 표출하지 마라. 당신만 절망에 빠질 뿐이다. 모든 일을 좋은 쪽으로 생각하라.

긍정의 마음으로 자신을 바라보자

하버드대학 심리학과 교수가 필립 박사를 소개했다. 필립 박사는 세계적으로 유명한 화학자라며 오늘 실험 차 이곳에 왔다고 알렸다.

필립 박사는 자신의 가방에서 정체불명의 액체가 담긴 유리병을 꺼내 보였다.

"이것은 내가 연구 중인 물질로 휘발성이 강해 일단 병마개를 뽑으면 바로 휘발됩니다. 하지만 인체에 해로운 것은 아니고 냄새만 날 뿐입니다. 제가 병을 열면 냄새를 맡은 친구들은 얼른 손을 들어 표해주시면 됩니다."

말을 마친 필립 박사는 병마개를 뽑고 스톱워치를 꺼냈다. 잠시 후 여러 학생이 손을 들었다. 그때 교수는 학생들에게 이렇게 말했다.

"여러분 실험은 끝났습니다. 그런데 사실 필립은 유명한 화학 박사가 아닌 일반인이며, 이 병 안에는 보통의 증류수가 들어 있었습니다."

교수의 말을 다 듣고 나서 손을 든 학생들은 서로 쳐다보았다. 방금 실험이 진행되는 과정에서 자신은 확실히 냄새를 맡았다고 했다. 이것은 도대체 어떻게 된 일일까?

학생들이 의아해하는 표정을 짓자 교수는 "이것이 바로 이번 수업에서 배울 내용입니다. 우리는 끊임없이 주변 사람들의 암시를 받아들이고 다른 사람의 말을 믿습니다. 필립 박사가 병 안에 냄새가 나는 화학물질이 있다고 했을 때 여러분은 믿었고 그래서 그 특수한 물질의 냄새를 맡은 것입니다."라고 말했다.

당신이 심리적 암시를 믿지 않을지 모르지만 일상에는 이러한 암시가 실제로 존재한다.

주변에서 누군가 끊임없이 하품을 하면 자신도 모르게 따라서 하품한다. 누군가 계속 기침을 하면 당신의 목도 간지러워지는 기분이 든다. 다른 사람이 전력 질주를 하는 것을 보면 자신도 모르는 사이에 빠르게 움직인다. 옆 사람이 배고프다고 하면 덩달아 배가 고프지 않던가.

이런 심리적 암시는 잠재의식으로 이해할 수 있다. 자신이 받아들이는 언어와 행동 방식을 자의식이 공감하는 순간 표출되는 것이다.

타인의 영향 때문이기도 하지만 자기의 심리가 이를 거부하지 않고 순응하기에 신체와 정신에 적용된다. 따라서 개인의 잠재의식이 발산되면 잠재 역량이 총동원되어 상황을 진행시킨다.

그렇다면 우리는 잠재의식에 무엇을 심어야 할까. 자신을 믿는 긍정의 힘일까 불가능한 이유일까. 이미 답을 정해놓고 질문한 것 같지만 당연히 자기 가능성을 믿는 긍정의 힘을 불어넣어야 한다. 할 수 있다는 자기 암시를 되새김질하듯 자주 해주어야 한다. 이는 삶의 원동력이 되고 그 위력은 당당하게 꿈을 향해 나아가게 돕는다.

심리적 암시 현상은 우리 삶에서 필수 조건이다. 어떤 암시를 하느냐에 따라 매일 다른 길에서 우리의 생활에 영향을 준다. 양날의 검처럼 생활의 긍정적인 면을 느낄 수 있게도 하고 부정적인 감정에 빠지게도 한다. 그러니 의도적으로라도 긍정적인 암시를 자신에게 주입해보자. 생활에 웃음을 되찾고 자신을 개선할 의지를 길러줄 것이다.

◆ 나를 바꾸는 하버드 인생 지혜

긍정적인 마음가짐은 집중력을 가져다준다. 확고부동한 자신감으로 하는 일에서 더 노력하게 만들고 포기하지 않게 한다. 마음의 변화는 결코 단번에 이룰 수 없다. 심리적 습관을 자신이 원하는 단계로 발전시키려면 끈기를 유지해야 한다. 모든 일은 시작이 어렵다. 자신이 꾸준하게 노력해야 한다. 시간이 지나면 긍정적인 자기암시가 우리 마음을 다스리는 가장 좋은 조력자가 될 수 있다.

예민할수록
혼자 고립된다

리오는 다른 사람들이 자신을 경멸한다고 느꼈다. 자신이 막 집을 나섰을 때 이웃이 자기 집 개를 향해 소리쳤다.

"정말 게으르군. 해가 이렇게 중천에 떴는데 아직도 자고 있다니!"

이 소릴 듣고 그는 자신에게 도발한 건 아닌가 생각했다. 리오는 급기야 악한 사람들로부터 멀어질 수 있는 방법을 찾아다니기 시작했다. 그러던 어느 날 지혜로운 하이드를 만났다.

하이드는 리오의 고뇌를 들은 뒤 웃으며 고개를 끄덕였다. 그는 리오를 근처 철로까지 데리고 왔다. 마침 구식 증기 기관차가 레일 위에 멈춰 서 있었다. 리오는 자신을 데리고 여기에 온 이유가 석연치 않아 조용히 한쪽에 서 있었다. 하이드는 약 5인치 크기의 작은 돌을 들고 레일 사이로 들어가 열차 바퀴 쪽에 고였다.

이어 기관사를 향해 손을 흔들며 기관차를 움직이라고 손짓했다. 그런데 짙은 증기가 나오기 시작했지만 기적소리만 울릴 뿐 기관차는 전혀 움직이지 않았다.

이때 하이드는 운전자에게 멈추라고 지시하면서 레일 옆으로 걸어가 그 돌을 바퀴에서 떼어냈다. 하이드는 다시 운전하라는 지시를 내렸다. 그러자 기차는 즉시 움직이며 천천히 앞으로 움직이기 시작했다.

"만약 이 증기 기관차가 전력으로 가속한다면, 그 속도는 시간당 100km 이상도 가능하지. 게다가 그것 자체의 매우 무거운 무게를 고려한다면, 심지어는 5피트짜리 두꺼운 벽돌 담도 거뜬히 부수고 가로질러 갈 수 있다네."

하이드는 손에 든 작은 돌을 들어 보이며 계속 말했다.

"하지만 일단 기차가 선로에 서게 되면 작은 돌 하나만으로도 기차가 한 발자국도 못 움직이게 할 수 있지. 자네 마음속의 증기 기관차에도 작은 돌이 존재하진 않는가? 있다면 지금 당장 그것을 빼내버리게!"

지나치게 예민한 사람은 항상 마음이 허약하다. 그들은 타인의 평가나 태도의 작은 변화에도 지나치게 신경을 쓴다. 그들이 일부러 자신을 괴롭힌다고 생각한다. 그로 인해 자존감은 바닥으로 떨어지고 살아갈 힘마저 잃어버린다.

어떤 사람은 자신이 인생의 강자이고 다른 사람보다 우위가 되기를 바란다. 하지만 현실과 이상 사이에는 늘 차이가 존재한다. 그 차이를 극복 불가능한 사실로 받아들이고 누군가 그것을 건드리면 예민하게 받아들인다. 그들은 언제나 외부의 신호에 부정적 감정을 쏟아낸다. 결국 지나친 예민함과 불평으로 남의 이야깃거리와 웃음거리가 되는 악순환에 빠진다. 예민함이 불러온 타인의 안 좋은 반응은 사람에 대한 불신과 적의를 악화시킨다. 이로써 인간관계는 무너지고 고립되는 상황이 펼쳐진다.

기억하자. 매사에 소심하고 예민하게 상황을 받아들인다면 스스로 사람들의 인정과 신뢰를 걷어차버리는 꼴이 되고 만다. 의연하고 대범하게 받아들이는 연습을 해야 한다. 사소한 말이나 행동에 감정의 에너지를 불태우지 말자.

◆ 나를 바꾸는 하버드 인생 지혜

하버드 심리학자들은 예민한 사람들은 열등감이 세다고 말한다. 열등감을 버려야만 마음의 짐을 덜고 인생을 홀가분하게 살 수 있다. 눈물을 믿지 않는 이 사회에서 예민함은 살아가기에 가장 좋은 방법이 아니다. 때와 장소를 가리지 않는 예민함은 우리 생활에 악영향을 끼친다. 다른 사람과 쉽게 교류하고 상대의 관점에서 보는 법을 배우면 심각하게 보이던 일도 소소해진다.

부끄러움을 버리면
장애물이 사라진다

보스턴의 빈민가에서 태어난 요나스는 열악한 환경 때문에 주변의 모든 것을 두려워하고 싫어했다. 자기 시야에 들어오는 방랑자, 술에 취해 난투극을 벌이는 사람들, 마약 중독자들의 모습이 수시로 그를 괴롭혔다. 그런 환경에서 벗어나기 위해 그는 방에 틀어박혀 공부만 했으며 결국 18살 때 우수한 성적으로 하버드대학에 입학할 수 있었다.

환경은 바뀌었지만 요나스의 공포감은 사라지지 않았다. 그는 항상 누군가 자신을 노리고 있다는 느낌을 받았다. 이로 인해 사람과의 교제를 두려워했다. 처음 만나는 사람과 자신을 바라보는 시선은 공포스럽기까지 했다. 그가 이 같은 공포감에 시달리고 있을 때 심리학과 교수를 만났다. 심리학과 교수는 그의 내면에 머무는 긴장감을 풀어주고 다시는 끔찍한 경험의 추억에 빠지지 않도록 서두르지 않고 천천히 도왔다. 덕분에 요나스는 주위의 일에 태연하게 대처할 수 있게 되었다. 심리적 안정을 찾아 주동적으로 다른 사람과 접촉할 수도 있게 되었다. 요나스는 변했고 두려움을 극복한 후 자신감을 되찾았다.

많은 사람이 요나스처럼 낯선 사람 앞에 노출되거나 사교의 장에 있을 때 눈에 띄는 것을 두려워한다. 그로 인해 일상생활에 지장을 받는 '소셜포비아'를 앓는다. 사회 공포증을 뜻하는 이 말은 사회성과 인간관계에 어려움을 느끼고 외부로부터 자기 스스로 격리되는 것을 말한다. 자신감의 문제이기도 하지만 내면에 복잡하게 얽혀 있는 인간관계의 불안과 공포가 큰 원인이다.

이 문제가 쉽게 해결되거나 풀리지 않지만 한 가지 분명한 사실은 교제는 누구나 피할 수 없는 활동 중 하나라는 것이다. 낯선 사람을 만날까 봐 두려워하거나 다른 사람과 이야기할 때 긴장하고 불안해하면 경쟁 사회에서 탈락될 수 있다. 소셜포비아가 미치는 부정적인 영향에 잠식되어서는 안 된다.

인간관계에서 오는 부정적 심리는 교제를 가로막는다. 따라서 자신을 조절하고 돌파하는 법을 배워야 한다. 그래야만 외로운 기러기가 되지 않고 더 큰 환경에 녹아들 수 있다. 사교의 시간을 회피하거나 외면하지 말고 솔직하게 자신을 드러내자. 상대의 이해를 얻고 자신을 알리는 기회가 된다. 효과적인 교제를 하려면 최대한 마음을 열고 세상에 자신을 드러내야 한다. 사람들은 가식적이고 위선적인 사람보다 투명한 사람에게 호감을 느낀다. 솔직한 건 자신감의 표현이기도 하다. 가장 자연스러운 모습을 보여주며 마음을 터놓고 교류를 시작해야 한다.

지금부터 당신은 의식적으로 주위의 사람과 접촉하라. 주위의 사교 환경에 녹아들어야 한다. 그래야 앞으로의 인생 행보가 넓어진다. 할 말이 있다면 주눅들지 마라. 당신을 대신해줄 사람은 없다. 반드시 사회적 두려움을 멀리하고 그것이 앞길에 장애가 되지 않도록 해야 한다.

◆ 나를 바꾸는 하버드 인생 지혜

하버드를 졸업한 심리치료사 하먼은 "소셜리즘에 지친 사람들은 자신감이 부족한 게 대표적인 특징이다."라고 말했다. "난 훌륭해.", "난 문제없어."라는 말을 마음에 두고 반복해서 얘기하자. 자신이 사람을 잘 사귈 수 있는 능력이 있다는 걸 알게 된다. 적극적으로 두려움에 대처하자. 자신을 믿는 믿음의 강도를 높여야만 용감하게 구렁텅이에서 벗어날 수 있다.

행복은 스스로 채워가야 한다

어떤 이들은 무엇을 해도 기운이 나지 않아 종일 아무것도 하지 않는다고 한다. 그들은 사람들과 잡담을 할 때면 늘 "됐어, 그만해, 뭐 할 가치도 없어."라고 말한다. 어떤 이들은 늘 사는 게 괴롭고 단조롭다고 느낀다. 주말이나 혼자 있을 때 느껴지는 알 수 없는 허무함과 외로움, 무엇을 하면 좋을지 모르는 마음은 자신의 삶 자체를 비관하게 만든다. 파티에 참석하고, 영화를 보고, 게임을 해보지만 부정적인 느낌은 떨쳐버릴 수 없다. 마음은 한없이 공허하고 허전하기만 하다. 이렇게 된 이유는 무엇일까?

허무함은 내적인 감정이다. 마음으로만 느낄 수 있고 오로지 자신만이 느낄 수 있다. 다른 이들은 이해할 방법이 없다. 공허함을 느끼는 사람이 다른 사람과 교제하고 소통하기란 어렵다. 마음의 문을 닫고 소통할 수 있는 길을 막아버린다. 이로써 인간관계는 단절되고 자신만의 세계에 고립되는 악순환이 반복된다. 만약 스스로 변화하려고 노력하지 않는다면 점점 더 공허함에 휩싸이게 될 것이다.

26살의 리사는 세 아이의 엄마다. 아이가 태어날 때마다 부드러웠던 손은 자꾸 거칠어지기만 했다. 어릴 적 리사는 피아노 교사로서의 완벽한 인생을 꿈꾸었다. 손가락이 흑백 건반 사이로 경쾌하게 날아다닐 때 리사는 자신이 누구인지, 어디에 있는지 잊은 채 환희로 가득 차 있었다.

그런데 리사의 이런 즐거운 체험은 21살 때 끝이 났다. 그때 그녀는 남편과 연애했고 바로 부부가 되었다. 아이들이 태어나면서 리사는 사랑하는 피아노와 작별하고 기저귀를 빨기 시작했다. 하지만 아이들은 리사에게 엄마가 된 기쁨을 주지 않았다. 그녀는 오히려 허무와 혼돈에 빠져 남편이 미워졌다. 그녀는 자살을 시도했고 남편은 리사를 급히 병원에 데려갔다. 심리치료사가 리사에게 말했다.

"당신의 삶을 알고 나니 당신의 마음속에 여전히 피아노 콤플렉스가 있다는 것을 알겠습니다. 그렇다면 왜 인생을 더 의미 있게 하지 않는가요?"

의사의 말을 듣고 리사는 아이들을 유치원에 보내고 보모도 구했다. 그리고 예전처럼 매일 피아노 연습을 시작했다. 그러던 어느 날 이웃 부인이 피아노 레슨을 해달라고 청했다. 그렇게 그녀는 개인 피아노 교사가 되었다. 이후 리사는 낮에는 학생들에게 피아노를 가르치고 밤에는 집에 돌아와 아이와 어울려 노는 새로운 인생을 살고 있다.

"감사합니다. 이제 나는 다시 살아갈 의미를 찾았습니다!"

짧은 인생을 어떻게 보낼 것인가? 평범한 삶을 어떻게 살 것인가? 열정적이고 빛을 발하는 삶을 어떻게 살 것인가? 삶을 하나의 체험으로 본다면 진정한 삶과 의미 있는 삶은 무엇인가? 이 답을 찾는 과정이 삶이 아닐까 싶다. 누구나 사는 이유를 고민하지만 그 해답을 어떤 방식으로 찾느냐에 따라 해결 방법이 달라진다. 그러므로 적극적으로 삶의 이유에 열정을 더하는 방법을 찾고 발견해야 한다.

삶이 허무하다면 원인이 무엇인지 찾아보자. 그것이 더 이상 심리적 문제로 인식되지 않도록 생활을 바꿔야 한다. 빛이 들어오는 방향을 향해 자신을 돌려세워라. 공허한 것도 나쁜 것만은 아니니 빛이 들어오지 않는 곳에서 혼자 외로움을 느낄 필요는 없다. 밝고 긍정정인 기운이 공허를 몰아내고 즐거운 기운을 북돋운다. 이 기회를 이용하여 자신의 부족한 것을 보충하자. 책을 읽어 지식을 키우거나 교제의 폭을 넓히면 좋다. 잘 맞는 친구를 찾거나 열심히 일하고, 포부를 실현하고, 흥미를 키우면 인생에서 즐거움을 찾는 계기가 된다.

◆ 나를 바꾸는 하버드 인생 지혜

자신의 삶을 충실히 살아가야 후회 없는 삶을 살 수 있다. 공허는 삶의 아름다움을 느낄 수 없게 한다. 오히려 모든 것을 불편한 시선으로 보게 하며 질리게 만든다. 아름답고 감동적인 것들도 창백하고 재미없게 보일 수 있다. 그러니 자신의 마음을 채우는 정원에서 허무와 싸우자. 그리고 이기자.

우쭐대는 자의 세상은 좁다

소크라테스가 학생들과 이야기를 나누고 있었다. 이때 어느 부유한 학생이 아테네 부근의 비옥한 땅에 자기 집이 있다고 자랑하였다. 그 땅이 얼마나 크고 비옥한지를 끊임없이 친구들에게 자랑했다. 그런 그를 보고 소크라테스가 물었다.

"지금 친구들에게 유럽이 어디에 있는지 보여줄 수 있는가?"

"네, 여기 보이는 전부 다입니다."

그는 손가락으로 지도 전체를 가리켰다. 소크라테스가 또 물었다.

"좋아, 충분히 크군. 그렇다면 지금 그리스가 어디 있는지 우리에게 알려줄 수 있는가?"

이번에 학생은 지도에서 그리스를 찾아냈다. 그것은 유럽에 비해 너무 작았다.

"훌륭해. 그럼 이제는 아테네가 어디에 있는지 알려주게."

"어휴, 아테네는 더 작죠. 여기 있어요."

학생은 말하면서 지도 위의 작은 점을 가리켰다. 소크라테스는 다시 말했다.

"그럼 이제 당신의 기름진 땅도 찾아보게."

이번에 학생은 그 비옥한 땅을 찾아내지 못했다. 생각해보면 아테네도 지도상에서 작은 점 하나였는데, 그의 집의 땅이 뭐라고 찾을 수 있겠는가? 그러자 그는 멋쩍어하며 말했다.

"죄송합니다. 찾을 수가 없네요. 너무 작아서…."

"먹물 한 방울이 맑은 물에 떨어지자 이 물은 금방 변색돼 마실 수 없게 됐다."라는 교훈이 있다. 그런데 먹물 한 방울을 바다에 떨어뜨리면 바다는 여전히 푸른색이다. 왜일까? 양이 다르기 때문이다. 잘 익지 않은 이삭은 꼿꼿이 위로 뻗고 잘 익은 이삭은 고개를 숙인다. 익은 벼와 익지 않은 벼의 밀도가 다르기 때문이다. 지식이 어설픈 사람은 이를 드러내고자 고개를 치켜 들고, 아는 것이 많은 사람은 겸손하게 자기를 낮춘다. 어떤 사람은 항상 자신이 위대하다고 생각하지만 그것은 그 자신의 잠재의식과 작은 세계에 국한되어 있다는 사실을 알아야 한다. 아무리 우월한 사람이라도 자기가 속한 환경에서 벗어나면 그 또한 아무것도 아니다.

그렇다. 당신이 이 넓은 우주에서 머리 세 개, 팔 여섯 개를 가지고 있다손 치더라도 단지 하나의 작은 존재일 뿐이다. 만약 당신 스스로 이미지가 좋고 위대한 사람이라고 생각한다면 반문해보자.

'이 세상에 내가 없으면 안 되는 일이 있을까 아니면 없을까?'

답은 분명하다. 뛰는 놈 위에 나는 놈이 있다. 그렇다고 스스로 먼지처럼 느끼지 마라. 당신이 맡은 역할이 다를 뿐이다. 사람과 사람은 모두 평등하고 하늘은 공평하다.

자기의 세계 안에 갇히지 말자. 그 세계 안에서 보이고 들리는 것만이 전부는 아니다. 우쭐거림은 자신이 모든 것을 안다고 생각하는 데서 나온다. 외부에서 보기에 우스워보이는 것이다. 늘 겸손함으로 다른 이의 경험과 다른 분야의 지식을 언제든 탐해야 한다. 그래야만 자신의 시야가 확장되고 세계관이 넓어진다. 사회를 통찰할 수 있는 능력도 여기서 나온다.

이전까지 전문가가 우대받는 사회였다면 현대는 학문과 학문을 연결하고 기술과 인문학을 잇는 인재들이 대우받는다. 그러므로 우쭐 거릴 요소가 있다면 그 요소에 가치를 더해줄 또 다른 분야를 섭렵해보자.

◆ 나를 바꾸는 하버드 인생 지혜

하버드대학 교수는 수업이 끝날 때마다 학생들에게 "내 짧은 식견일 뿐이다. 여러분은 충분히 자기만의 방식으로 생각할 수 있다."라고 겸손하게 말한다. 세계 일류 대학의 교수가 이럴진대 우리도 이와 같을 필요가 있지 않을까? 당신은 '나'일 뿐 온 세상을 대표할 수는 없다. 겸손한 마음을 유지하라. '나'의 작음을 알고 세상의 크기를 인정하자. 당신은 끝없는 탐색 속에서 분발하여 끊임없이 자기 삶의 가치를 실현할 길을 찾아야 한다.

PART 9

마음을 다스리고 생각의 주인이 되라

Harvard's 100-Year

Traditional Relationship Class

✦ ✦ ✦

하버드 심리학과 교수는 감정적 행동은 자기 통제 능력과 직접 연관되어 있으며 성숙도의 핵심 지표라고 말했다. 감정을 제대로 이해하게 되면 생활에서 자신의 감정 통제력을 사용할 수 있다. 부정적인 감정에 휘둘리지 말고 긍정적인 감정을 침착하게 동원하자. 그로 인해 성공을 거둘 수 있다.

감정의 노예가 되지 마라

작가 오 헨리는 친구와 함께 슈퍼마켓에 과자를 사러 갔다. 계산할 때 "감사합니다."라고 점원에게 인사를 건넸지만 듣는 둥 마는 둥 아무 말도 하지 않았다. "어쩜 저렇게 예의가 없을까? 서비스도 정말 형편없군!"이라고 친구는 끊임없이 불평했다.

"저 사람은 오후마다 저랬네."

오 헨리가 차분하게 대꾸했다. 친구는 계속 그랬는데도 왜 정중하게 인사한 거냐며 따졌다. 이에 오 헨리의 답은 명쾌했다.

"그 사람이 내 감정을 다스리게 할 이유는 없지 않은가?"

화를 낼 줄 모르는 자는 미련한 자이다. 하지만 화를 내지 않는 자는 총명한 자다. 화내는 것도 습관이다. 화는 선택이고, 화를 내는 것은 아무 생각을 거치지 않은 충동적인 반응이기 때문이다. 따라서 자신이 무엇 때문에 화가 났는지 제대로 알지 못하는 경우가 많다. 무엇이 분노를 유발했는지 물어보면 그 어떤 단서도 찾지 못하고 횡설수설한다.

분노는 현상과 상황에 대한 개인의 인식과 해석, 평가에서 비롯된다. 물론 사람의 성격과도 어느 정도 관계가 있다. 하지만 결정적인 원인은 자신의 감정 컨트롤 능력에 달려 있다. 자기 안의 감정과 싸움은 너무나 잘 아는 적과 싸우는 것과 마찬가지여서 승률이 떨어진다. 양면성을 가진 감정이 시시각각 좌지우지하려 들기 때문이다. 상대의 사소한 말에 흥분하고 감정을 조절할 힘을 잃어버린다. 그로 인해 처음 화난 것보다 과격한 행동과 말이 표출된다.

박쥐 한 마리가 자유롭고 힘찬 야생마를 죽일 수 있다. 박쥐가 야생마의 다리에 매달려 날카로운 이빨로 힘껏 깨물면 거칠고 급한 성격의 야생마는 붉은 피를 보고 격분해서 날뛴다. 자기 피를 빨고 있는 박쥐가 괘씸해 분을 이기지 못하는 것이다. 박쥐는 야생마의 피를 적당히 빨아 먹고 떠나지만 불쌍한 야생마는 지나치게 흥분한 나머지 피를 많이 흘리고 죽게 된다. 박쥐는 몸집이 작고 피를 빨아먹는 양도 적기 때문에 야생마를 죽이기엔 턱없이 부족하다. 정작 야생마를 죽음으로 몰고 간 것은 야생마의 분노였다.

화가 날 때 냉정하게 대처하는 것 외에도 '순간 전환법'으로 분노를 다스릴 수 있다. 비난을 받아 화가 난다면 주의를 다른 곳으로 돌려 기쁘게 하는 것들을 생각해보라. 즐거웠던 순간이나 생각만으로도 기분 좋아지는 친구나 어릴 적 행복했던 일도 좋다. 기분이 유쾌해지면 화가 가라앉고 분노도 사그라든다. 감정을 조절하고 분노로부터 탈출하는 하나의 방법이다. 하지만 감정을 통제하는 일이 말처럼 쉽게 되지 않는다. 단계별로 상승하지 않고 순간의 위력이 엄청나게 강해 통제 불능 상태에 이르기도 한다. 그렇지만 계속 감정 조절하기를 시도해야 한다. 자신만의 분노 해소 방법을 찾으면 좋다. 분노를 삭힐 수 있다면 운동을 하거나 종이를 찢는 행위도 가능하다. 음악을 크게 틀어놓고 몸을 흔들어도 좋다. 아니면 걷거나 산에 오르는 것도 추천한다.

◆ 나를 바꾸는 하버드 인생 지혜

나폴레옹은 "자신의 감정을 잘 다스리는 사람은 한 도시를 손에 넣은 장군보다 더 위대하다."라고 말했다. 하버드의 심리전문가 피아제 역시 "우리가 부정적인 감정의 폭발을 완전히 통제하는 것은 매우 어려운 일이지만, 그래도 열심히 시도해야 한다."라고 말했다. 화가 날 때면 적절한 방법으로 분노를 해소할 수 있어야 한다. 다른 사람을 감정 쓰레기통으로 삼는 것은 가장 미련한 방법이다. 차라리 음악을 듣고 일기를 써라. 그래도 해소가 안 된다면 달려라.

화가 난다면 숫자를 세어라

링컨은 미국 역사상 위대한 대통령 중 한 명이다. 그는 자신의 감정도 잘 다스렸을 뿐만 아니라 부하의 감정까지 컨트롤할 수 있도록 도와주었다. 어느 날 육군 장관 스탠턴이 링컨의 사무실을 찾아왔다. 소장 한 명이 모욕적인 말로 그를 비난했다며 불만을 털어놓았다. 그의 푸념을 들은 링컨은 스탠턴에게 신랄한 편지를 쓸 것을 권했다. 엄청나게 욕해도 된다고 덧붙였다.

스탠턴은 곧바로 항의와 악담을 담은 편지를 써서 링컨에게 보여주었다. "내가 원하는 게 이거야. 정말 잘 썼군."이라고 링컨이 말했다. 그러자 스탠턴은 편지를 접어서 봉투에 넣었다. 링컨은 급하게 뭐하는 거냐고 물었다.

"편지를 보내야죠."

스탠턴은 어리둥절해하며 대답했다.

"소란을 피우지 말게. 그 편지는 난로에 넣어버리게. 나는 화날 때 편지로 쓴 뒤 큰 소리로 읽고 태워버린다네. 자네도 편지를 쓰면서 아마 많은 화를 풀어냈을 걸세. 지금은 기분이 많이 나아졌지 않은가? 그럼 태워버리고 다시 두 번째 편지를 써보게."

분노는 개인과 사회에 영향을 미치는 본능적인 정서이다. 어떤 사람은 쉽게 화를 낸다. 그로 인해 항상 일촉즉발의 상황에 놓인다. 누군가는 천진한 모습으로 분노하며 깊은 곳으로 숨는다. 어떤 사람은 어딘가에서 화나는 일을 겪으면 다른 곳으로 가서 화를 푼다. 분노를 다스리는 방법은 사람마다 제각각 다르다.

자기 기준에서 벗어난 일이 자행되고 있는 사실은 우리를 화나게 한다. 계속 되는 잔소리는 어떤가. 엉뚱한 피해를 본 경우라면 참을 수 없는 지경에 이른다. 이 같은 상황이 누구에게 닥치든 화가 날 수밖에 없다. 하지만 진짜 내면이 강한 사람, 대의를 품은 사람은 순간 끓어오르는 화를 잘 통제한다. 치밀어오르는 분노를 누르며 언성을 높이지 않는다. 참아야 하는 이유를 찾고 감정을 잘 다스리는 것이다.

어느 심리학자는 20%의 지식과 80%의 감성(감정)이 성공의 구성 요소라고 주장했다. 지식이 자기 성공의 길로 진입하는 길을 열어주지만 이후에는 감정의 절제와 통제가 유효하다는 말이다.

자신이 알고 있는 지식은 잃어버릴 수 없고 이를 토대로 기반을 마련할 수 있다. 그러나 성공으로 가는 과정은 감정이 조정한다. 잘못된 감정 처리가 그동안 이루어놓은 결과를 뒤집을 수 있다. 사회적 명예와 지위, 권력까지 좌우할 수 있는 요소가 바로 감정이라는 말이다. 요즘 이런저런 이슈로 사회적 반감을 사고 대중의 분노를 일으키는 요인이 무엇이었는지 분석해보면 이 점이 증명된다.

분노는 강렬한 감정 반응이다. 이 강렬함은 타인에게 해를 가하고 자신을 위태롭게 만든다. 분노를 어떻게 통제하느냐에 따라 결과가 달라진다. 명확한 것은 화내는 사람이 화를 입는 사람보다 더 큰 손해를 감수해야 한다는 점이다. 분노의 감정으로 말을 하면 가장 뛰어난 연설을 할 수 있을지 몰라도 평생 후회하게 될 가능성이 크다. 그러므로 화가 났을 때 말을 하고 싶다면 1부터 10까지 세고 난 뒤에 하라. 만약 너무 화가 난다면 100까지 세라.

◆ 나를 바꾸는 하버드 인생 지혜

하버드 최초의 여성 총장 드루 길핀 파우스트는 "이성의 촛불이 꺼지면 인류는 어둠에 빠진다."라고 했다. 벤자민 프랭클린도 분노로 일하기 시작하면 수치로 끝난다고 했다.

초조함에서 벗어나
침착함을 배우라

마리의 남편은 아프리카 사막의 육군 기지에 배치됐다. 남편은 늘 일로 바빴기 때문에 마리는 기지 안의 작은 집에 혼자 남겨지는 게 다반사였다. 사막의 지독한 더위, 주민과의 교류 부재, 가족·친구에 대한 그리움이 그녀를 너무 힘들게 했다. 그녀는 끝이 보이지 않는 사막을 점점 싫어하게 되었다. 이 상황을 알리는 편지를 부모님께 썼다. 편지마다 그녀는 운명의 불공평함에 대해 불평했다. 다른 여자들이 대도시에서 안일한 생활을 즐기고 있을 때, 자신은 이 무료하고 황량한 곳에서 외롭게 있어야 한다는 사실에 억울해했다. 자신은 이제 마음의 괴로움을 견딜 수 없으며, 모든 걸 포기하고 미국으로 돌아가겠다는 결심을 전했다.

그녀의 아버지로부터 답장이 왔다. "서로 다른 두 사람이 감옥의 창살로 밖을 바라보았는데 한 명은 진흙을 보았고, 다른 한 명은 별을 보았다."라는 한 구절만 적혀 있었다. 전자는 운명의 불공평함에 대해 불평하지만 후자는 운명의 보살핌에 감사한다는 의미였다.

이 편지를 읽고 그녀는 자신의 원망과 근심했던 일들이 부끄러워졌다. 그녀는 스스로 평안해야겠다고 다짐했다. 그 후 마리는 자발적으로 현지인들과 교류하기 시작했다. 마리가 겪은 초기의 짜증과 초조함은 멀어지고 삶이 풍부하고 의미 있게 변했다. 그러면서 그녀는 매력적인 선인장과 다양한 사막 식물을 연구하기 시작했다. 그녀는 모래 언덕에 앉아 사막의 해돋이를 감상하고 사막의 유적지를 연구했다. 주둔 임무를 마친 남편과 함께 미국으로 돌아간 마리는 사막에서 자신이 발견한 것과 경험담을 책으로 엮었다. 책에서 그녀는 지금 끊임없는 조바심에 갇혀 있는 사람들에게 불안을 내려놓고 원망을 멈추라고 간곡하게 충고했다. 그러면 반짝반짝 빛나는 별들을 볼 수 있다고 알려주었다.

초조함은 자신에게 위협적이거나 불편해보이는 것들에 시선을 꽂게 하고 불편에서 벗어나고자 전전긍긍하게 만든다. 이는 기대에 못 미치는 상황에 실망하면서 생긴다. 실망은 지나친 기대에서 비롯된다. 어느 상황에서든 큰 기대를 걸지 말고 기대를 조금 내려놓자. 맨 처음 마리도 사막의 험악한 날씨와 고독한 인간관계가 자신의 삶을 지루하게 만든다고 생각했다. 사막에 오기 전 상상했던 모습과는 너무 달랐기 때문이다. 그래서 적응하지 못할 상황에 처했을 때 전에 없던 불안감이 엄습했던 것이다.

불안에 휩싸인 사람은 어떤 환경에서도 부정적인 면만 본다. 행복의 틈새에 끼어 있는 불만을 찾아내 부풀린다. 그 이유도 다양하게 가져다 붙인다. 마리처럼 혼자 있는 긴 시간을 어떻게 보낼까 궁극적으로 생각지 못하고 혼자 남겨진 사실에 불만을 터트린다.

불만의 그림자는 자기 삶의 검은 구름이다. 작은 불만들을 모아 검은 구름은 몸집을 키운다. 그럴수록 자기 삶의 빛은 어둠에 가려지고 주위에 즐비하게 널린 기쁨과 소망도 보지 못하게 만든다. 종국에는 혼자서 빠져나오지 못하는 상황에 몰리고 만다.

◆ 나를 바꾸는 하버드 인생 지혜

하버드 최초의 여성 총장인 드루 길핀 파우스트는 2008년 졸업식 연설에서 "당신이 초조해하는 것은 의미 있고 성공적으로 살고 싶기 때문이다."라고 말했다. 불안의 근원은 인간의 욕망이다. 문제의 단서를 발견했다면 초조함을 극복하는 것은 어렵지 않다.

쓸데없는 갈등은 피하라

에드워드 T. 베드포드는 록펠러의 파트너이다. 어느 날 그가 사무실에 들어갔을 때 록펠러는 책상에 엎드려 종이 위에 뭔가를 적고 있었다. 록펠러는 그를 보더니 정색하고 말했다.

"이미 우리가 입은 손실을 알고 있지요? 저는 이 일을 두고 오랫동안 생각했습니다. 그래서 손실을 초래한 그 사람을 불러 이 일을 얘기하기 전에 말할 것을 미리 메모하고 있던 중입니다."

록펠러가 말하는 손실은 아프리카에서 일어난 일로 수천만 달러가 넘는 손해를 본 사건이다. 이로 인한 후폭풍은 아직까지 추산되지 않고 있었다. 베드포드는 손해 본 금액을 계산하고 어떻게 배상할 것인지 추궁하는 글이라 생각하며 록펠러의 책상으로 다가갔다. 그러나 그 종이에 적힌 글들은 사고를 낸 사람을 꾸짖는 것이 아니라 상대방의 장점을 길게 써놓은 것이었다. 그중에는 그 사람이 결정적인 순간에 세 차례나 회사를 도왔던 일도 적혀 있었다. 그때 그가 회사를 위해 벌어들인 수익은 이번 손실보다 훨씬 컸다. 베드포드는 록펠러에게 감동받을 수밖에 없었다. 당시를 기억한 베드포드는 한 인터뷰에서 이렇게 말했다.

"록펠러가 이 일을 처리했을 때 취한 태도를 결코 잊을 수 없습니다. 그 후 저는 여러 해 동안 스스로 자제하지 못하고 남에게 화가 날 때마다 종이와 펜을 꺼내 그 사람의 좋은 점을 하나하나 써보았습니다. 리스트를 완성할 때마다 화는 가라앉았고, 동시에 이성적으로 문제를 바라볼 수 있었습니다. 후에 이런 방법은 개인적인 업무에서도 중요한 습관이 되었습니다. 많은 경우 화내는 것을 즉각 멈추게 되었지요. 만약 제가 뒷일을 도모하지 않고 아무렇지도 않게 화를 내면 내가 처리해야 할 문제는 배로 늘고, 뼈아픈 대가를 치르게 된다는 사실을 분명히 아니까요."

하버드생들은 "인생에서 가장 무서운 적은 자기 자신이다."라고 말한다. 인간의 실수는 순간적인 충동에서 발생하고 나중에 그렇게 한 행동을 후회한다. 이런 현상이 반복되는 주요 원인은 사건이 발생했을 때 그 일이 일어난 부정적인 요소를 확대해서 보기 때문이다. 거기에 치중하느라 그 일의 긍정적인 부분과 중요한 사실은 간과하게 된다. 그 결과 사고와 의사 결정의 오류를 낳는다.

아리스토텔레스는 성질을 내는 것은 찬양할 만한 일이라고 했다. 단, 적절한 장소에서 올바른 상대에게, 적절한 순간에 공정한 이유로 화낼 수 있어야 한다고 했다. 어느 누가 이처럼 냉정하고 객관적이며 합리적으로 화를 낼 수 있을까. 아리스토텔레스 외에는 불가능하다. 어쩌면 저명한 고대 그리스 철학자조차도 이에 해당하지 않을지 모른다.

지혜로운 사람은 짧은 시간 안에 선입견을 바로잡고 의사결정의 오류를 낮춘다. 비판과 모욕을 외투에 묻은 진흙처럼 보자. 길을 건널 때 튄 진흙 방울이라면 화가 난다고 바로 닦지 말자. 오히려 진흙이 번져 얼룩이 더 커지기 때문이다. 진흙이 묻었다면 외투를 걸어놓고 다른 일에 전념한다. 그리고 진흙이 완전히 마른 뒤 말끔하게 털어내야 하는 것과 같은 이치다.

◆ 나를 바꾸는 하버드 인생 지혜

하버드 심리 전문가 줄리언 태플린 교수는 "분노는 사람들이 생각하는 용기가 아니라 인간성의 최대 약점이다. 대담함과 용감함은 툭하면 화를 내는 것이 아니라, 강인함을 유지하며 이성적으로 침묵하는 것이다."라고 말했다. 감정을 적극적으로 유도해 충돌에서 최대한 윈윈하는 방식으로 대처하자. 서로 자신이 감정의 수혜자임을 느끼도록 반응해야 한다. 그렇게 하면 자신의 감정 컨트롤 능력이 높아진다.

걱정 중 99%는 절대 일어나지 않을 일이다

데일 카네기는 미주리주의 농장에서 어린 시절을 보냈다. 어느 날 어머니를 도와 앵두를 따던 중 울음을 터뜨렸다. 엄마는 당황하여 왜 우냐고 물었다. 그는 울먹이며 누가 자신을 죽일까 봐 두렵다고 했다. 그때의 카네기는 항상 걱정이 많았다. 폭풍우가 치면 번개에 맞아 죽을까 걱정했다. 가정 형편이 어려워지면 먹을 음식이 없을까, 죽고 나서 지옥에 갈까 무서웠다. 또 같은 반 친구가 자신의 두 귀를 자를까 무서워했다. 모자를 벗고 인사할 때 여자아이들이 자신을 놀릴까 봐 염려했고 앞으로 자신과 결혼하려는 여자아이가 아무도 없을까 우려했다. 그는 결혼 후 부인에게 해야 할 첫마디가 무엇인지 고민했다.

그는 시골의 교회에서 결혼하고 마차를 타고 농장으로 돌아갈 것이라 상상했다. 그러나 농장으로 돌아가는 길에 그는 어떻게 그녀와 쉬지 않고 이야기할 수 있을지, 손은 어떻게 해야 할지, 어떻게 웃게 해줘야 할지 늘 이런 문제를 생각했다. 오랜 시간이 흐른 뒤 카네기는 자신이 걱정했던 일의 99%는 아예 일어나지 않았다는 것을 발견했다.

우리는 살아가면서 이런저런 걱정에 시달린다. 친구를 못 사귈까 봐, 실수할까 봐, 일이 잘 안 될까 봐, 취업하지 못할까 봐, 아이가 건강하게 자라지 못할까 봐, 중병에 걸릴까 봐 구구절절한 걱정을 안고 산다. 하나하나 걱정하다 보면 매일 걱정할 일이 너무 많다. 이러한 과도한 우려는 삶의 재미를 앗아간다. 성공의 즐거움에서 당신을 떼어놓는 범인이 걱정이다.

그런데 통계 자료를 알면 걱정을 내려놓을 수 있다. 미 해군에서는 자주 확률통계를 사용해 군의 사기를 북돋운다. 어느 해군이 증언하기를 그가 고옥탄 휘발유를 실은 유조선에 파견되었을 때 죽음의 두려움이 엄습했다고 한다. 유조선이 번개에 맞아 폭발하면 살아남을 길이 없을 거라 생각했기 때문이다. 군사들의 우려를 안 미 해군에서는 매우 정확한 통계 숫자를 발표했다. 번개에 맞은 100척의 유조선 중 60척은 바다에 가라앉지 않았으며, 실제로 바다에 가라앉은 배는 40척이라고 지적하였다. 가라앉은 40척 중에 5분도 안 돼서 잠긴 것은 5척밖에 없었다. 이는 배에서 뛰어내릴 시간이 충분하다는 걸 의미한다. 군인들이 우려하는 유조선이 번개에 맞으면 모두 폭발한다는 게 사실이 아니라는 것이다. 이런 통계는 군의 사기 진작에 도움이 되었다. 그것은 교통사고가 날 확률보다 낮았기 때문이다.

지금부터라도 근심 걱정에서 벗어나자. 오직 현재 일어난 일만이 실제 상황이다. 지나간 어제와 아직 오지 않은 내일을 미리 걱정하며, 걱정이 생각을 지배하도록 놔두지 마라. 걱정의 원인을 분석해보면 오히려 쉽게 걱정에서 멀어질 수 있다. 닥칠 불행을 예방할 수 있고 대안을 찾아 행동할 수 있다. 해결 방법이 있는 데도 걱정하는 것은 괜한 시간 낭비, 정신 낭비, 에너지 낭비이다. 차라리 지금을 살아가는 법을 배워야 한다. 손안에 있는 일에 전념해야 인생이라는 배가 안전하고 빠르게 반대편 기슭에 도착할 수 있다.

◆ 나를 바꾸는 하버드 인생 지혜

하버드 행복 수업에서는 아픈 과거로 인해 지금 기분 나쁠 필요는 없다고 가르친다. 알 수 없는 걱정으로 불안에 떨고 있을 필요가 없다는 것이다. 지나간 것은 이미 지나간 것이고, 올 것은 어떻게든 오게 마련이다. 인생을 현명하게 대하자. 현재를 중시하자. 과거를 후회해봤자 아무런 의미가 없으며 미래를 걱정해봤자 소용없다. 현재를 어떻게 사느냐에 따라 미래가 달라진다.

후회하느니 차라리
다시 도전하라

토마스 칼라일은 40살이 되던 해 첫 원고를 완성하였다. 이 원고를 절친한 친구인 경제학자이자 철학자 존 스튜어트 밀러에게 읽어달라고 부탁했다. 밀러는 모든 일을 미루고, 조용한 서재에 나흘 내내 갇혀 한 자도 빠뜨리지 않고 원고를 꼼꼼히 읽었다. 밀러는 읽으면서 대단한 원고라는 걸 느꼈다. 마지막 페이지까지 다 읽은 후 감동을 누를 수 없었던 그는 원고를 의자에 놓고 정원을 걸었다. 그리고 자신의 영향력을 어떻게 활용해서 이 위대한 글을 빨리 세간의 주목을 받게 해야 할지 고민했다.

그 사이에 재앙이 닥쳤다. 밀러가 서재를 나온 뒤 불어오는 바람에 책상에 있던 원고가 바닥으로 흩어졌다. 마침 디저트를 가져온 하녀가 바닥에 흩어진 원고를 보고 휴지라고 착각해 화덕에 던져버린 것이다.

밀러는 원고가 불에 탄 것을 알고 실신할 지경이었다. 큰 고통과 죄책감을 안고 칼라일의 집에 찾아간 그는 차마 입에 담기 힘든 이 불행한 소식을 전했다. 오랫동안 두 사람은 말이 없었다. 훗날 칼라일은 그때의 감정을 떠올리며 말했다.

"밀러가 귀신처럼 창백한 얼굴로 제대로 서 있지 못하던 모습을 지금도 생생하게 기억합니다. 너무 고통스러워해서 선불리 위로의 말도 꺼낼 수 없었습니다. 잠시 후 충격에서 벗어난 제가 책을 다시 쓰겠다고 덤덤하게 말했지요."

그러나 다시 쓰기가 어렵다는 사실을 아는 밀러는 걱정이 태산 같았다. 이미 완성된 원고를 다시 기억해서 쓰는 게 새로 쓰는 것보다 더 힘들고 고통스럽기 때문이다. 그러나 칼라일은 엄청난 정신적 고통을 이겨내고 수개월 만에 다시 원고를 완성했다.

밀러가 기뻐하며 "나는 이 일이 얼마나 힘든지 충분히 상상할 수 있네. 자네의 힘은 어디서 나오는 것인지 알고 싶군."이라고 말했다. 이에 칼라일은 "친구여, 우리는 기존에 일어난 사실을 바꿀 수 없지만, 그 사실이 우리 삶에 미치는 영향을 변화시킬 수는 있다네."라고 대답했다.

지혜로운 사람은 후회보다는 만회하는 일에 빨리 착수한다. 하버드 비즈니스 스쿨은 엘리트를 배출하기 위해 의사 결정 능력을 훈련시킨다. 여러 선택의 기로에서 가장 현명한 결정을 하도록 하는 것이다. 잘못된 결정을 내린다면 그 의사 결정에 따른 손실을 계산하게 하는 대신 실패를 딛고 다시 결정을 내리도록 유도한다. 이렇게 교육하는 이유는 아주 간단하다. 후회하는 것보다 만회하는 것이 낫기 때문이다.

잘못된 선택으로 후회에 빠질 때 가장 피해야 할 것은 '~하지 않았으면 좋았겠다.', '그때 ~하게 했더라면.'과 같은 후회로 발등을 찍는 생각이다. 분명하게 말하지만 시도하는 것이 시도하지 않은 것보다 낫다. 최선을 다했지만 결과가 전혀 다르게 나올 수 있고 기대에 못 미칠 수도 있다. 해보지 않은 일에서 결과까지 정확하게 맞출 수는 없다. 일단 도전하고 경험했으니 값진 실패이다.

◆ 나를 바꾸는 하버드 인생 지혜

하버드 심리학 전문가들은 후회 자체에서 오는 고통이 잘못된 사건으로 인한 손실보다 크다고 말한다. 후회는 일을 잘못한 뒤에 일어나게 마련이다. 과거의 잘못을 놓지 못해 과도하게 자책하며 스스로를 고통 속으로 몰아넣을 필요가 없다. 후회에서 헤어나오지 못하면 고통이라는 감정의 악순환에 빠진다. 그러니 후회로 시간을 낭비하지 말자.

불평은 삶만 더 힘들게 할 뿐이다

아이젠하워 장군은 어렸을 적 카드게임을 즐겼다. 저녁 식사 후 가족과 카드게임을 할 때 연속으로 여러 번 최악의 카드를 잡자 그는 불평을 늘어놓았다. 어머니는 카드를 내려놓고 "놀기 원한다면 카드의 좋고 나쁨을 떠나야 한단다."라고 말했다.

아이젠하워는 불만 어린 마음에 어머니는 패가 좋으니 불평하지 않는 거라고 생각했다. 어머니는 그의 생각을 알아차린 듯 "인생도 마찬가지란다. 패를 내는 사람은 하나님이고, 그것이 어떤 패든 반드시 가지고 있어야 하고, 최선을 다해 최선의 결과를 구해야 한단다."라고 말해주었다. 아이젠하워는 그 말을 마음 깊이 새겼다. 이후 그는 자신에게 닥치는 어떠한 일에도 불평하지 않았다. 늘 긍정적이고 낙천적인 태도로 삶의 도전들을 맞이했다. 그가 연합군 통수권자와 미국 34번째 대통령이 된 비결이다.

인생의 곤경은 사실 자기 행동, 말, 생각에 의해 야기된다. 심리학의 '자기장의 법칙'을 떠올려보자. 자석이 철을 끌어당기듯 당신 삶에 불평의 극이 생기면 계속 나쁜 것들만 끌어당긴다. 우울·불만·불평·가식·시기·고난·갈등·다툼 등과 같은 부정적 요소들이 줄줄이 주위를 에워싼다. 그로 인해 싫은 일이나 싫은 사람에게 집중하다 보면 불평할 것이 더 많아지고 스스로 더 불행하게 만든다. 반대의 경우라면 어떨까. 자기 마음에 '행복' 혹은 '즐거움'의 극을 형성한다면 어떤 일이든 원망하지 않고 남을 탓하지 않으면서 좋은 점을 발견할 수 있다. 만족·성취·감사·인정·기쁨 같은 삶에 활력을 불어넣어주는 요소들로 주변이 덮인다. 신나고 즐거운 생활이 보장되는 것이다.

미국의 유명한 멘토 윌 보웬은 사람들이 날씨·일·물가 상승·아이들 장난과 같은 사소한 일에 자주 불평한다는 사실을 알게 됐다. 그래서 '불평 불만 운동'을 시작했다.

1년도 채 되지 않아 전 세계 80여 개국에서 600만 명의 자원자가 모집됐다. 활동 내용은 모든 사람이 각자 자신의 왼쪽 손목에 보라색 팔찌를 찬 다음 불평하면 오른쪽 손목으로 옮기고, 불평하면 다시 왼쪽 손목에 옮기는 식이었다. 보라색 팔찌가 한 팔목에서 21일 동안 바뀌지 않을 때만 행사가 성공적으로 끝난다.

윌 보웬은 "이 캠페인을 성공적으로 마치고 나서 자신이 불평하지 않는 좋은 습관을 가졌다는 사실을 깨닫고 놀랄 것이다. 그때면 당신의 생각은 바뀌기 시작했으니 축하한다. 이제 열심히 최선을 다해 인생을 살아가면 된다."라고 말했다.

긍정의 중요성을 간과하면 불평이 나온다. 불평이 현실을 바꿀 수 없다. 현재 상황을 바꾸려면 긍정의 마인드가 더 효과적이다. 성공은 긍정적인 사람을 좋아한다. 불평하지 않으면 부정적인 생각도 마음에서 깨끗이 사라진다.

◆ 나를 바꾸는 하버드 인생 지혜

하버드대학 행복 수업의 탈 벤 샤하르 박사는 "지금부터 불평하지 말고 자신의 삶에 책임을 져야 한다."라고 말했다. 불평은 현실을 바꾸기는커녕 엄청난 파괴력을 가져오는 부정적 정서이다. 긍정적으로 대응해야 바르게 걸어갈 수 있다. 불평을 멈추고 긍정적인 행동하라. 시간과 노력이 실제 행동에 쓰이는 것을 발견한다면 당신은 불평으로부터 멀어진다.

싫증내지 말고
열정을 방출하라

미국의 어느 장관이 빌 게이츠에게 "마이크로소프트를 둘러보다 보니 직원 한 명 한 명이 열심히 일하고 즐거워하는 모습이었습니다. 어떻게 이런 기업 문화를 만들었는지 알고 싶습니다."라고 물었다. 빌 게이츠는 웃으며 "우리가 고용하는 직원에게는 소프트웨어 개발에 대한 열정이 있어야 한다는 가이드라인이 있기 때문입니다."라고 말했다. 빌 게이츠의 대답에서 직원들의 열정이 마이크로소프트 성공의 비결임을 알 수 있다.

사상가 에머슨은 "역사 이래 그 어떤 위대한 사업도 열정이 없이는 성공하지 못했다."라고 말했다. 열정은 성공의 횃불이다. 성공하기 위해선 혼신의 힘을 쏟아야 하는데 그 몰입은 열정이 있을 때 가능하다.

열정은 자신의 느끼는 흥미에 행동하도록 독려하고 격려하는 의식 상태이다. 열정은 사람에게 에너지를 준다. 공허한 명사가 아니라 하루 이틀 밤을 꼬박 일해도 전혀 피곤함을 느끼지 못하게 하는 힘을 주는 것이다. 그래서일까. 열정이 있으면 매사에 진취적으로 행동한다. 열정이 있는데 재능이 없다면 재능이 있는 사람을 모을 수 있다. 자금이나 설비가 없으면 열정으로 다른 사람을 설득해 도움받을 수 있다. 즉, 꿈을 현실로 이룰 수 있다는 말이다.

모든 것에 흥미를 잃은 적이 있는가? 기분이 우울하기 때문이기도 하고 성공의 가능성이 보이지 않을 때도 그렇다. 시도 단계에서 어려울 때나 그 일에 매력을 느끼지 못할 때도 흥미는 떨어진다. 그때는 아무리 쉬어도 지치고 힘들기만 하다. 평소의 승부욕은 이미 어디론가 사라져버리고 그저 바쁜 일상에서 벗어나고 싶고 모든 일에 심리적 피로가 몰려온다. 간혹 열정적으로 일하는 어느 순간에도 이런 심리는 찾아온다.

이를 깨달은 어느 철학자는 이렇게 말했다.

"권태는 인생의 큰 걱정거리이다. 사람들은 인생이 짧다고 늘 탄식한다. 사실 짧지 않은 인생인데 단지 시간적 용도를 알지 못해서 시간을 낭비하는 것 때문에 인생을 잃어버릴 뿐이다."

심리적인 피로는 인생을 낭비하는 가장 나쁜 감정 중 하나이다. 그것은 자신이 하는 일에 흥미를 잃게 하고 끊임없이 걱정하고 알 수 없는 슬픔에 빠지게 한다.

우울하고 눌리는 마음, 학습 효율의 저하, 심란함, 어지럼증, 두통 증상이 나타날 때 자신이 이미 심리적 피로 상태에 있다는 것을 알아야 한다. 이때 당신이 고려해야 할 것은 더 열심히, 더 힘차게 앞으로 나아가는 것이 아니라 잠시 멈춰 서서 자신을 위해 완전히 느긋해져야 한다. 휴가를 기약할 수 없다면 바쁜 시간 속에서 여유를 누려보라. 가끔은 반나절의 휴가를 내어 조용한 곳을 찾아도 좋다. 마음의 피로를 풀어주는 역할을 찾아 잠깐이라도 숨을 돌려야 한다.

◆ 나를 바꾸는 하버드 인생 지혜

하버드대학 의학자 허버트 벤링은 "심신이 지나치게 긴장하면 면역력이 약해진다."라고 주장했다. 심리적 피로는 자기도 모르게 사람들 곁에 잠복해 있는 '킬러'이다. 하루아침에 죽이지 않고 만성 중독처럼 일정한 시간, 일정한 피로가 쌓이게 해서 질병을 끌고 와 괴롭힌다. 따라서 자신을 과도한 심리적 피로에 빠뜨리는 것은 목숨을 킬러에게 저당잡히게 하는 것이나 마찬가지다.

두려움은
약한 사람에게만 강하다

닐리는 철도공사의 배차원이다. 그는 열심히 일하며 항상 맡은 바 책임을 다했다. 그런 그에게 단점이 하나 있었는데 인생에 대해 과도하게 비관적이라는 것이다. 그는 항상 부정적인 시선으로 세상을 바라보았다.

어느 날 철도회사 직원들이 사장의 생일을 축하하기 위해 모이기로 했다. 모두 일찍 서둘러 가버렸는데 공교롭게도 닐리는 부주의로 기차의 냉장실에 갇히게 되었다. 닐리는 소리를 지르고 두드렸지만 아무도 그의 함성을 듣지 못했다. 밖에 아무도 없다는 사실을 알고 그는 주저앉아 숨을 몰아쉬었다.

그는 생각할수록 무서워졌다, 섭씨 영하 20도 이하의 온도를 유지하는 기차 냉장실이므로 제시간에 나가지 못하면 반드시 얼어죽는다는 생각이 들었다. 죽음의 공포가 덮치자 체온이 떨어지고 있다는 느낌이 들었다. 냉기는 더 강해지고 체온은 급격하게 떨어지는 것 같았다. 그는 움직이던 몸을 멈췄다. 서서히 절망하며 떨리는 두 손으로 어깨를 감싸고 어둠 속에서 울었다.

다음 날 아침 직원들이 출근해서 냉장실을 열었을 때 닐리가 그 안에 웅크리고 있는 것을 보고 매우 놀랐다. 그의 몸은 아무리 해도 풀리지 않을 정도로 단단하게 굳어 있었다. 닐리를 급히 병원으로 옮겼지만 결국 살리지 못했다.

안타까운 사실은 기차 냉동실 스위치가 완전히 꺼져 있었다는 것이다. 정비를 위해 가동을 중지시킨 거대한 냉동실에는 산소도 가득 했기 때문에 닐리가 얼어죽을 수 없었다.

닐리는 냉동실 온도가 아니라 자신의 마음이 얼어버려서 죽은 것이다. 그는 냉동실 온도는 낮고 나가지 못하면 죽을 것이라는 생각에 살아나갈 엄두조차 내지 않았던 것이다.

두려움은 싸우거나 도망치거나 둘 중 하나의 반응을 보이게 하는 특성이 있다. 대부분 도망치는 길을 택한다. 위험한 상황에 빠지지 않으려는 심리이다. 두려움이 안전을 추구하게 하고 위험에 대비하게도 한다.

하지만 두려움이 강해지면 우리는 모험을 멈추게 하고 심지어 더 큰 위험에 빠뜨리기도 한다. 극심한 두려움은 낭떠러지 끝에 선 것처럼 옴짝달싹 못 하게 만든다.

하버드대학을 졸업한 미국 32대 대통령 프랭클린 루스벨트는 "우리가 두려워해야 할 유일한 것은 두려움 그 자체입니다."라고 말했다. 영부인 엘리너 역시 두려움을 인간의 가장 큰 약점으로 꼽았다. 그녀는 하루에 한 가지씩 자신이 두려워했던 일을 하라는 실제적인 도전을 제시하기도 했다. 성공한 멘토들의 사례를 살펴보면 그들은 두려움을 피한 사람이 아니라 두려움을 극복하고 성공을 이끌어냈다.

두려움은 약한 사람에게 찾아든다. 자신을 믿지 못하는 사람에게는 두려움을 이겨낼 힘이 없다. 또한 두려움이 한번 찾아들면 피하기 어렵다. 어둠에 대한 두려움, 미래에 대한 두려움, 인간관계에 대한 두려움 등이 그렇다. 두려움은 생각할수록 커지고 위험성은 높아진다. 두려움을 따지는 것은 당신의 상황을 더 악화시킬 뿐이다. 그러므로 두려움에서 오는 온갖 부정적 영향을 극복할 수 있도록 긍정 마인드를 기르자. 두려움을 정확하게 인식해야 당신은 용기 있게 두려움을 마주할 기회를 가질 수 있다.

◆ **나를 바꾸는 하버드 인생 지혜**

하버드에는 "두려움 때문에 주저하지 말고 앞으로 나아가는 것이 두려움을 없애는 가장 좋은 방법이다."라는 격려의 말이 있다. 자기 내면에 있는 두려움을 직시하고 제거하는 법을 배우자. 그래야 삶의 낙원에서 우리에게 필요한 것을 얻을 수 있다.

PART 10

행복과 불행은 당신 생각에 달렸다

Harvard's 100-Year

Traditional Relationship Class

✦ ✦ ✦

하버드 출신 문학가인 린위탕은 “행복과 불행 사이에는 아주 얇은 막이 있다. 그 얇은 막의 정체는 바로 자신이다. 당신이 생각하기에 행복한 것이 행복이고, 불행한 것이 곧 불행이다.”라고 말했다. 행복으로 가는 길에는 늘 가시밭과 황야가 있다. 온갖 시련을 겪지 않고서는 미래의 영광은 없다는 의미이다.

행복을 느껴야 인생을 즐길 수 있다

불행을 겪은 여인이 슬프고 절망적인 마음에 투신자살을 결심했다. 결혼한 지 5년된 남편이 그녀를 떠나버리고, 유일한 정신적 지주였던 어린 아들마저 뜻하지 않게 죽었기 때문이다. 그녀는 사는 것이 무의미했고 죽느니만 못 하다고 생각했다.

그녀는 강에 몸을 던졌다. 그때 늙은 뱃사람의 도움으로 살아나게 되었다. 여자는 왜 죽을 권리조차 박탈하느냐며 울먹였다. 늙은 뱃사공이 “젊어보이는데, 아직도 인생이 많이 남았지 않소? 어찌 이렇게 쉽게 죽으려 하오?”라며 물었다. 그러자 여인은 울며불며 자신의 처지를 하소연하였다.

사공은 가만히 여인의 이야기를 들어주고는 “그렇다면 5년 전 당신은 어떻게 살았을까요?”라고 물었다. 여인은 결혼도 안 했고 남편도, 아이도 없어 걱정 없이 살았다고 했다.

"그럼 그때의 당신과 지금의 당신은 뭐가 달라졌지요? 운명의 신이 당신을 다시 5년 전으로 돌려보냈을 뿐이잖아요. 그때처럼 남편과 아이 없이 무탈하게 생활할 수 있겠네요."

뱃사공의 말에 일리가 있다고 여긴 여인은 죽기로 한 자신의 마음을 바꿨다.

여인의 애절한 절망은 자신이 잃어버린 것에 매여 있다. 지난 5년 동안 자신의 행복을 남편과 아이에게서 찾았기에 행복의 버팀목을 잃고 불행한 사람으로 변해버렸다. 가족에게 자기 삶을 내맡긴 결과이다. 오롯이 자신의 가치에서 행복을 찾지 못한 까닭이다.

현실에도 이런 사람들이 많다. 다른 이에게 의지해 자기 삶을 살아간다. 자기 행복 결정권을 남에게 의존하는 것도 행복지수가 갈수록 낮아지는 원인 중 하나이다. 칭찬을 갈망하고 인정에 목말라 한다. 상대적인 타인의 감정과 반응에서 자신의 행복을 찾는 것이다. 그렇다면 관계가 단절된 뒤 찾아오는 우울과 공허는 어떻게 채울 것인가?

누군가와 함께 즐거워하고 기쁨을 나누며 행복하기에 그가 운명을 좌우하는 것 같지만 자신의 운명은 항상 자기 손에 달려 있다. 행복도 자신에게서 찾아야 한다. 행복감은 당신의 내면에서 나온다. 그것을 외적인 요소와 연관시키면 불행해진다. 행복을 다른 사람이 좌우하게 하지 마라. 자기 행복을 건강한 긍정 마인드로 키워야 한다.

일본의 경영 컨설턴트 마사히로 야수오카는 "마음이 변하면 생각이 변하고, 생각이 변하면 행동이 변하고, 행동이 변하면 성격이 변하고, 성격이 변하면 운명이 변한다. 즉 마음가짐이 운명을 결정짓는다."라고 말했다. 자신에게 일어난 일을 마주하는 마음가짐은 자기 인생에 직접적인 영향을 미친다. 행복지수에도 영향을 끼친다.

흔들리는 인생에서 크게 기뻐하고 크게 웃어라. 마음을 가라앉히고 일·생활·세상에 임하며 자신의 마음가짐을 잘 돌아봐야 한다. 자기 감정을 잘 조절하고 평정심을 유지해야 마음이 건강해진다. 그로 인해 스스로 빛을 발하게 된다.

◆ 나를 바꾸는 하버드 인생 지혜

사람들은 행복을 갈망한다. 그러나 행복은 자신의 마음가짐에 달려 있다. 복잡한 인생의 여정에서 발걸음을 멈추고 마음을 가라앉히자. 마음을 가다듬고 다시 침착하게 출발하면 새로운 길이 보인다. 막다른 길이라면 돌아나가면 되지 않겠는가.

감사한 마음은 나를 행복하게 한다

루스벨트 전 미국 대통령 집에 도둑이 들었다. 한 친구가 이 소식을 듣고 위로의 편지를 보내왔다. 루스벨트는 그 편지의 답장을 썼다.

"친애하는 친구여, 편지로 나를 위로해주니 너무 고맙네. 다행히 지금 나는 무사하다네. 나는 화가 나지 않았고 오히려 하느님께 감사하고 있지. 첫째는 도둑이 내 물건만 훔쳐가고 몸은 해치지 않았다는 점이고, 둘째는 도둑이 전부가 아니라 내 물건 일부만 훔쳐갔다는 사실이네. 마지막으로 내가 가장 감사한 것은 그는 도둑이고 나는 도둑이 아니라는 사실이라네."

루스벨트같이 넓은 마음씨를 가진 사람도 드물다. 도둑이 들어 물건을 모조리 훔쳐간다면 매우 불행한 일이다. 그러나 루스벨트는 불행해보이는 이 사건에서도 감사할 점을 찾았다. 그 정도로 넓은 마음을 가지고 있었기에 용서와 감사가 가능했다. 더불어 마음의 상처도 받지 않았다.

선량함·자신감·즐거움은 우리가 추구하는 목표이다. 이런 감정들이 우리에게 행복감을 선물한다. 항상 감사한 마음을 품으면 은혜를 알고 보답하는 사람, 포용하는 사람, 사랑과 관심으로 가득 찬 사람이 된다. 그로 인해 다른 사람들에게 관용을 베풀고 선의로 그들을 포용하며 에너지 넘치는 삶을 살아갈 것이다. 고마운 마음을 가진 당신은 사회적 위치와 관계없이 고귀한 사람이 된다.

감사는 표현하는 사람의 겸손과 사랑에서 비롯된다. 감사할 줄 아는 사람은 남을 사랑할 줄 알고 자신이 가진 모든 것을 소중히 여길 줄 안다. 감사할 줄 모르는 사람은 운명의 불공평함을 원망하고 남보다 적게 가지고 있다고 생각한다. 이미 가진 것에 감사하는 마음이 없다면 그는 더 많은 것을 얻기 어렵다. 더 많이 가져도 만족하거나 행복해하지 않기 때문이다. 물질이 아무리 풍부해도 그의 생각은 언제나 척박하며, 그의 행복감은 올라갈 수 없다.

감사할 줄 모르는 사람은 언제나 좌절의 늪에 빠져 허우적대며 스스로 가라앉기를 자처하는 셈이다. 악조건에도 감사할 부분을 찾아내는 사람은 시련을 받아들이고 이겨낼 방법을 강구하며 자기 내공의 힘을 키운다. 감사를 아는 사람의 눈에는 감사할 부분이 먼저 보여 삶에 생동감을 살린다. 밝고 긍정적인 면을 보기에 웃음도 끊이지 않는다. 그러므로 감사하는 건 삶을 사랑하는 마음에서 우러나오는 자발적인 행동이다. 소소한 기쁨에 크게 기뻐할 줄 아는 여유를 가진 자이다. 신이 당신에게 허락한 것에 만족하지 못하고 감사를 전달하지 않는다면 더 큰 행복과 만족을 주겠는가. 인간 삶의 이치와 세상의 이치, 신의 이치는 함께 맞물려 돌아간다. 작은 부분에 감사한다면 더 큰 감사를 불러오고 더 큰 감사는 위대한 감사 요소를 데려온다. 감사 생활이 성공에 이르게 하는 것이다.

◆ 나를 바꾸는 하버드 인생 지혜

하버드 교수는 "감사한 마음을 가진 사람만이 모든 것이 다 은총을 입은 것임을 볼 수 있다."라고 가르친다. 감사할 줄 아는 마음은 그만큼 크다. 감사하는 마음으로 사랑에 보답하고 행복을 전한다. 다른 사람에게 감사하는 것은 자신을 구하는 선행이다. 마음에 사랑과 우호가 가득하다면 당신은 틀림없이 행복하다.

부러워하지 말고 멋진 나를 만들어라

옛적에 외발 동물이 있었다. 하루는 길에서 여러 발을 가진 벌레를 만났다. 외발 동물은 자신은 발이 하나밖에 없어 점프하면서 걷는데 발 많은 벌레는 걷기가 불편할 것 같았다. 그래서 걷는 게 어렵지 않냐고 물었다. 발 많은 벌레는 웃으며 그 생각은 잘못되었다고 짚어주었다. 하늘에서 내리는 빗방울이 작은 것도 있고 큰 것도 있지만 결국 모두 똑같이 땅에 떨어지는 것이니 만 개의 발을 가지고 태어나도 제 발길 닿는 대로 걸었으니 불편은 없다고 했다. 외발 동물은 고개를 끄덕였다.

이번에는 발 많은 벌레와 뱀이 만났다. 발 많은 벌레가 보기에 뱀은 발이 없는데도 자기보다 빨리 가니 궁금해서 어떻게 그렇게 빨리 갈 수 있냐고 물었다. 뱀은 웃으면서 "내 배에 강력한 근육을 갖고 있지요. 복부의 비늘을 움직이며 걸으면 되는데, 선천적으로 이렇게 만들어졌어요. 그러니 어디 발이 필요할까요."라고 말했다.

잠시 뒤에 뱀은 바람을 만났다. 바람의 움직임은 자신보다 훨씬 빨랐다. "발 많은 벌레는 발을 많이 가지고 있지만, 발 없는 나보다 빨리 걷지 못합니다. 당신은 나와 마찬가지로 발도 없는데 어째서 나보다 빨리 달릴 수 있나요? 당신이 씽씽 소리를 내면 머나먼 북해에서 여기까지 올 수 있고, 또 쌩쌩 소리를 내면 남해에도 닿네요. 저는 정말 모르겠어요."라고 말했다.

바람이 대답했다. "맞아요, 저는 정말 빨리 날고, 나무를 부러뜨리는 일도 저만이 할 수 있는 일이에요. 그러나 사람이 손으로 찔러도, 발로 차도 나는 보복할 수 없어요. 저는 강점도 있지만 남들이 알아챌 수 있는 약점도 있어요. 당신이 제 속도를 부러워하는 것처럼 저도 당신이 가진 형체가 부럽답니다."라고 말했다.

남을 부러워하는 것은 마치 인류의 공통점 같다. 다른 사람의 집안, 남부럽지 않은 직장, 남부럽지 않은 자식 등 다른 이의 삶은 모든 것이 부러움의 대상이다. 부러워하는 것은 자신의 삶에 완벽을 기대하고 남들처럼 잘살았으면 좋겠다는 마음에서 나온다. 그러나 마쓰시타 고노스케는 "남의 재능을 부러워할 것도, 자신의 평범함을 한탄할 필요도 없이 저마다 매력을 지니고 있다.

자신의 특성과 매력을 인식하고 발전시키는 게 가장 중요하다."
라고 말했다.

사실, 이 세상을 사는 모든 사람은 독립적으로 존재할 가치가 있다. 세상 어디에도 똑같은 사람은 없다. 그러므로 다른 사람을 부러워하지 마라. 다른 사람을 지나치게 부러워하면 오히려 자아를 잃게 된다. 당신도 누군가의 눈에는 선망의 대상일지도 모른다. 적당한 선망은 진취심을 자극하지만 부러워하는 마음이 지나치면 자신을 잃게 된다. 다른 사람의 행운을 부러워하기보다는 다른 사람의 노력하는 정신을 배워 더 나은 방향으로 나아갈 수 있도록 하자. 그래야 부러움이 긍정적으로 작용한다.

당신은 남의 업적만 보았을 뿐이다. 이미 이뤄놓은 남의 성공만 볼 뿐 그 성공 뒤에 있는 쓰라린 심정은 보지 못한다. 만약 당신이 노력한다면 그에 상응하는 보상을 받을 수 있다. 그러므로 다른 사람을 부러워하지 말고 자신이 살고 싶은 인생을 꿈꿔라.

◆ 나를 바꾸는 하버드 인생 지혜

이웃의 울타리가 더 푸르른 것을 부러워 마라. 어쩌면 그들의 가시가 풀보다 더 많을 수도 있다. 우리는 달콤한 커피를 마시는 모습을 보고 우아하고 행복하다고 느낄 때가 많다. 그러면서 자신은 맹물만 마시고 있다며 실의에 빠진다. 그러나 달콤한 커피는 끓인 물만큼 갈증을 해소하지 못한다. 그러니 자신만의 행복을 즐기자.

꿈이 마르면
행복이 자라지 않는다

브로디는 연로한 영국의 교사이다. 그는 다락방에 쌓인 고물을 정리하다가 한 무더기의 노트를 발견했다. 그가 가르쳤던 피터킨 유치원 B반 아이들 30여 명의 봄날 글짓기 노트였다. 독일군의 런던 공습 당시 모두 불타 없어졌을 거라 생각했는데, 뜻밖에도 50년이 흐른 지금 다락방에서 발견된 사실이 놀라웠다. 그는 손에 잡히는 대로 몇 편의 글을 읽으며 아이들 이야기에 푹 빠졌다.

피터는 미래에 해군대신이 될 것이라고 썼다. 어느 날 바다에서 수영하다가 그가 바닷물을 많이 마셨는데도 익사하지 않았기 때문이다. 빌은 프랑스 대통령이 될 것이라고 했다. 프랑스가 좋고 25개의 프랑스 도시 이름을 외울 수 있는데 같은 반 아이들은 기껏해야 7개밖에 외울 수 없다고 했다. 브로디에게 가장 기특한 글은 데이비드라는 실명한 아이였다. 그는 장래에 틀림없이 영국의 내각대신이 될 것이라고 했다. 30여 명의 아이들은 모두 다른 생각을 하고 있었다. 개 훈련사, 선원, 작가 등 모두 각양각색의 기발한 생각들이었다.

브로디는 이 아이들의 '꿈 설계'를 읽다가 다시 이 글짓기 노트를 돌려보내주고 싶다는 생각이 들었다. 그는 신문사에 기고문을 싣고 공고를 냈다. 며칠이 지나지 않아 브로디에게 편지가 날아들었다. 그들 중에는 장사꾼도 있었고, 학자나 정부 관리도 있었지만 더 많은 건 그저 평범한 사람들이었다. 신분과 상관없이 그들은 자신의 어릴 적 꿈을 간절히 알고 싶어 했다.

그렇게 꼬박 1년 동안 모두 주인을 찾았지만 딱 한 사람만 찾지 못했다. 바로 데이비드였다. 브로디는 50년이 지난 지금 이 아이가 불행히도 세상을 떠났을지도 모른다고 생각했다. 그때 브렌크트 내각 교육장관으로부터 온 편지를 받았다. 편지에는 자신이 바로 데이비드라고 불리는 아이라고 적혀 있었다. 그는 어릴 적 꿈을 보존해줘서 고맙지만 지금 그 노트가 필요없다고 했다. 왜냐 하면 그 꿈을 썼을 때부터 계속 머릿속에 있었기 때문이고, 단 하루도 꿈을 이루는 것을 포기하지 않았다고 했다. 50년이 지난 지금 그는 꿈을 이루었다고 했다.

브렌크트 교육장관의 이 편지는 후에 영국 <더 썬>에 발표되었다. 그는 첫 번째로 영국 내각에 들어온 맹인 대신으로서 자신의 행동으로 하나의 진리를 증명해냈다. 그것은 바로 희망을 버리지 않는 이상 꿈도 버리지 않는다는 것이었다.

꿈을 세우고 목표와 계획을 설정하기 전에 현실의 자기 조건을 분석하자. 그래야 나아갈 방향이 보인다. 방향을 잡았다면 의지를 확고히 세워야 한다. 목표를 달성하는 과정은 결코 순탄할 수 없다. 어렵다고 물러서서는 안 된다. 정신력을 동원하여 꾸준히 나아가야 한다. 꿈과 목표가 없다면 행복해질 수 없다. 꿈만 있고 노력하지 않으면 행복할 수 없다. 꿈을 가지고 한 걸음 한 걸음씩 실현하기 위해 노력하면 인생이 원만하고 행복해질 수 있다. 꿈이 마른 상태에서는 행복이 풍성해질 수 없다.

◆ 나를 바꾸는 하버드 인생 지혜

인간의 가장 소중한 재산은 희망이다. 희망은 우리의 고민을 덜어주고 인생의 비전을 그려준다. 꿈이 곧 희망이고 노력을 부르는 목표이다. 꿈은 가장 공평하다. 당신이 가난하든 부유하든, 건강하든 병이 있든, 평민이든 귀족이든 꿈은 동등한 기회를 준다.

기대치가 높으면 행복은 낮아진다

어려서부터 피아노를 배운 리어가 가장 좋아하는 음악가는 베토벤이었다. 천재성을 타고난 그는 자신이 재능을 타고났다고 믿고 제2의 베토벤이 되겠다고 맹세했다. 그런데 불행하게도 리어 역시 난청을 가진 게 발견되었다. 그래서 가족들이 만류했지만 그는 고집을 꺾지 않고 피아노 연습을 계속 했다. 그는 자신이 베토벤의 환생이라고 믿었다. 사람들은 리어의 노력과 창작의 재능에 감탄했다. 하지만 그는 갈수록 만족하지 못했다. 자기가 연주하는 곡을 듣지 못하는 결함으로 남들보다 더 노력해야 했다. 그러던 그가 점점 자신과 베토벤 사이의 간극을 알아차리고 깊은 슬픔에 휩싸였다.

사실 리어는 이미 잘하고 있었다. 그의 노력과 재능은 주변 사람들에게 인정받았다. 하지만 자신에 대한 너무 높은 기대가 고통의 원천이 되었다. 일찍이 이 기대는 그를 앞으로 나아가게 했지만 점점 더 높아지는 기대는 자신을 좀먹는 스트레스가 되었던 것이다.

우리는 리어처럼 자신에게 거는 기대감이 너무 높을 때가 있다. 늘 대단하다고 생각하고 자신에게는 남다른 재능이 있으며 지금보다 더 잘할 수 있다고 여기며 만족할 줄 모른다. 그로 인해 고통받고 자신에게 실망스러워한다. 목표에 미치지 못하기 때문에 자신이 이룬 모든 성과가 부정되고 있다고 느낀다. 충분히 잘하고 있음에도 불구하고 자신은 더 비범한 능력을 갖췄다고 믿는다. 조금만 더 노력하면 더 성공하고 높은 자리에 오를 수 있다고 기대한다. 돈을 더 많이 벌고 큰 권력을 쥘 수 있다고 여긴다. 하지만 자신에게 거는 기대가 지나치면 영원히 만족하지 못하고 초라한 인생을 살게 된다. 그 삶이 남들이 보기에는 썩 훌륭하다고 하더라도 그렇다. 자신에게 거는 기대치에 충족하지 못했으니 스스로 실망하여 낙오자가 된 기분으로 사는 것이다. 얼마나 안타까운 일인가.

지나친 기대는 이미 정해진 삶의 규칙과 방식을 망가뜨리고 방향을 잃게 만든다. 우리는 망상으로 신의 영역을 넘나들지만 진정으로 필요한 것은 자신에게 적합한 발전 설계도이다. 자신이 가지고 있는 재능과 소질, 성격과 환경을 귀하게 감싸자. 권한 내에서 얻을 수 있는 가치를 찾고 주어진 능력의 범위 안에서 자신을 발전시켜야 한다. 과대한 욕심이나 기대는 너른 들판에서 나비 한 마리를 잡으려고 채집망을 흔들어대는 것과 같다. 고군분투 끝에 잡을 수는 있다. 하지만 그 가능성은 매우 희박하고 영원히 못 잡고 끝내기도 한다. 안타깝지만 자신의 능력이 단시간에 크게 오를 수 없고 획기적으로 발돋움할 수 없음을 알아야 한다.

기대는 지극히 정상적인 일이다. 기대가 있어야 도전하고 즐거운 마음으로 현실에 임할 수 있다. 하지만 기대치가 너무 높으면 자신의 상황과 괴리가 느껴지고 그 격차가 벌어질수록 좌절하게 된다. 그 결과 행복에 등을 돌리고 살아가게 된다. 기대를 조금 낮추고 자기 삶을 돌아보자. 가슴에 흡족한 만족감이 스며든다.

◆ 나를 바꾸는 하버드 인생 지혜

대니얼 길버트 하버드대학 사회심리학과 교수는 "상상 속의 미래는 실제와 어긋날 수 있다."라고 말했다. 지나친 기대는 행복감에 영향을 미칠 수밖에 없다는 진단이다. 모든 일에 기대하는 것은 지극히 당연하다. 인생에는 분명 현실과 기대의 차이가 있을 것이다. 우리는 이 격차로 인해 타격을 받는다. 다른 사람들이 볼 때 축하할 일도 당신에게 뚜렷한 행복감을 주지 못한다.

행복하고 싶다면
행복의 조건을 바꿔라

어느 날, 영리한 사냥개 한 마리가 숲에서 사냥감을 찾아다녔다. 그러다 뜻밖에도 수풀에 숨겨진 황금 한 포대를 발견했다. 사냥개는 달려가 냄새를 맡은 뒤 '주인이 잡은 먹잇감은 아니지만 반짝반짝한 것이 주인이 좋아할 거야. 주인에게 가져다주자. 어쩌면 나에게 뼈다귀를 줄지도 모르니까.'라고 판단했다. 사냥개는 금주머니를 물고 주인에게 달려왔다. 주머니 속 황금을 본 주인은 눈을 휘둥그레 뜨고 사냥개를 치켜세웠다.

"네 공로를 치하하기 위해 금으로 옷을 만들어주겠노라."

그러자 사냥개는 마음이 급해져 주인에게 부탁했다.

"저는 어떤 옷도 원하지 않아요. 정말 저에게 상을 주고 싶다면, 매 끼니마다 살점이 붙은 뼈다귀 몇 개만 더 주세요."

주인은 그의 요구를 흔쾌히 들어주었고, 사냥개는 매일 더 많은 뼈를 먹을 수 있었다.

주인이 황금 한 포대를 얻었을 때 얼마나 행복했는지는 말할 것도 없다. 그런데 사냥개에게는 어땠는가. 황금은 귀하지만 사냥개에겐 전혀 쓸모가 없는 물건이다. 가장 비싼 옷을 입으면 신비롭게 보일 순 있겠지만 개에게 더 필요한 건 뼈다귀이다. 따라서 황금 옷보다 뼈다귀 몇 개를 줄 때 느끼는 행복이 더 크다.

신분이나 지위같이 삶을 장식하는 것들은 본래의 만족감을 주지 못한다. 오히려 허영심을 부추겨 쉽게 만족하지 못하게 만든다. 우리는 자주 행복하지 못하다고 불평한다. 거창하고 대단한 행복을 찾기 때문이다. 뜻밖에도 행복은 가장 소소한 일상에서 찾을 수 있다.

행복이 이렇게 간단한 일이라면 누구나 행복할 수 있다는 결론이 나온다. 행복에 조건이 있는 것도 아니고 어떤 능력을 갖춰야 하는 것도 아니다. 행복을 감지하기만 하면 된다. 행복에 대한 민감성을 높이면 주위를 둘러싸고 있는 모든 것이 행복으로 보인다.

행복이 자신에게 오지 않았다고 불평하지 마라. 행복을 이해하지 못했기 때문에 그것을 놓치고 있는 것뿐이다. 행복의 의미를 알고 있다면 지금 이 순간에도 행복을 느껴야 한다. 자신이 만족을 얻는 것, 바로 이것이 행복의 맛이다. 행복을 이해해야 행복이 찾아온다.

우리 주위에는 행복을 찾지만 늘 자신에게는 행복이 오지 않는다고 생각하는 사람이 많다. 너무나 큰 행복을 바라기 때문이다. 행복은 아주 간단하며 명쾌하다. 치통을 앓는 사람의 행복은 치아가 건강하고 아프지 않는 것이다. 하루 끼니를 걱정하는 걸인에게는 한 끼 제공되는 식사가 행복이다. 그런데 치통을 앓으면서도 이가 고르기를 바라고 당장 한 끼를 해결해야 하는데도 비싼 차를 몰고 대궐같은 집에 사는 꿈을 꾼다면 과연 행복하겠는가. 무조건 아름답고 크고 부유한 것만이 행복의 조건일 수 없다.

신은 모든 사람에게 행복의 천사를 보내주었다. 그런데도 자신 곁에 머무는 행복의 천사를 외면한다. 그리고 다른 행복을 찾아 나선다. 당장 행복을 찾는 발걸음을 멈추고 손에 든 기대의 풍선에서 바람을 조금 빼보자. 가뿐한 마음이 되어야 인생 여행이 즐거워진다.

◆ 나를 바꾸는 하버드 인생 지혜

하버드대학 심리학자 탈 벤 샤하르는 "행복은 어떤 필요에 대한 만족만이 아니라 어떤 필요에 대한 이해이다."라고 말했다. 행복에 대한 정의는 개인마다 다르다. 행복이 다른 만큼 행복을 이해하고 파악하는 데 더 신경을 써야 한다.

증오의 사슬을 끊어야 행복이 깃든다

영화 <호텔 르완다>에는 "보복과 증오의 불길이 타오르면 모든 것이 파괴된다."라는 대사가 나온다. 인간은 원래 사랑으로 태어났지만 보복과 적개심으로 다른 사람을 다치게 하고 자신을 파멸시키는 잔혹한 일을 저지른다. 만약 다른 사람이 준 상처를 잊지 못하고 그 속에 빠져 복수만 하려고 한다면, 결국 고통에서 헤어날 수 없게 된다는 것을 알려준다.

앨런의 부모는 그녀가 5살 때 부잣집에 보냈다. 앨런은 부모가 왜 자신을 버렸는지 이해하지 못해 자라면서 친부모에게 앙심을 품었다. 그런데 친한 친구가 원치 않는 임신으로 아이를 낳아 입양을 하는 과정을 도와주면서 자신을 버린 부모의 처지를 이해하게 되었다. 부모님을 이해하자 그녀의 증오심은 점점 가라앉았다. 그녀는 친부모를 용서하고 자신이 강한 사람이라는 가치를 찾았다.

그녀의 처신은 옳고 현명했다. 상대를 용서하고 자신의 상처를 치유했기 때문이다. 지속적인 적개심은 삶에 씁쓸한 맛을 가미할 뿐이다. 이 쓴맛은 주변 사람을 대하는 태도를 변화시킨다.

보복과 원한은 자신의 존엄성을 보호하고 무모한 도발에 대응하려는 의도이다. 하지만 지나친 증오와 보복은 이성을 잃게 만들고 세상의 빛을 볼 수 없게 만든다. 자신을 다치게 하고 남을 해친다. 삶에서 즐거움을 앗아가는 것이다.

마음에서 잊지 못하는 원한이나 깊은 보복 심리는 자신을 병들게 한다. 어떤 일을 계기로 한 사람에게 증오심을 품으면 자기 내면에 화를 품고 있는 것이므로 정신은 물론 신체 리듬까지 엉망이 된다. 자신이나 타인에게 관대해져야 한다. 실수나 잘못을 절대 이해 못 한다는 관점으로 접근하지 말자. '그럴 수도 있지.', '그럴 수밖에 없었을 거야.', '오죽하면 그랬을까.'라는 이해심을 발동시켜보자. 그 상황에서 최선의 선택이었다고 믿어야 한다. 깊은 오해도 대화를 통해 풀리는 것처럼 상대가 왜 그렇게 했는지 안다면 증오의 감정은 사라질 수 있다.

자신이 이해하려는 의지가 없다면 상대가 어떤 방식으로 사과하더라도 증오는 풀리지 않는다. 울며불며 매달리거나 무릎을 꿇는다 해도 시원하지 않을 것이다. 증오심이 폭발해 말이나 행동이 폭력적으로 행사된다 하더라도 적개심은 영원히 사라지지 않는다. 증오나 복수심, 보복 심리는 오직 용서만으로 해결될 수 있다.

용서하면 증오에서 해방될 수 있다. 용서는 상대를 위한 일이 아니라 자신을 위한 일이다. 누가 되었든 어떤 일이 되었든 그에 대한 증오는 인생을 뭉개버린다. 더 나아가려는 당신을 옭아매는 족쇄가 된다. 그런 결과를 자초해서는 안 된다. 용서와 이해로 족쇄를 끊어내자. 오로지 건강과 성공을 위하여!

◆ 나를 바꾸는 하버드 인생 지혜

하버드에서 관용과 겸손은 가장 강력한 지혜로 불린다. 하버드대학 학장을 지낸 엘리엇은 "원수의 씨앗을 내면에서 싹트게 하면 삶의 즐거움을 삼켜버린다."라고 경고했다. 관용을 베풀지 않고 증오에 집착하는 사람은 스트레스와 분노로 결국 자신에게 해를 입힌다. 남을 용서하는 것이 자신에게 가장 좋은 방법이다. 자신을 분노와 적개심에서 해방시켜야 자유롭고 행복한 마음을 얻을 수 있다.

기쁨은 나눌수록 더 풍성해진다

기쁨의 감화력은 놀라울 정도로 빠르다. 천둥과 번개만큼 빠른 속도로 퍼져 한 사람의 기쁨을 한 무리의 기쁨으로 바꿀 수 있다.

일본 정부에서 '평생 공로상'을 만들었다. 이전의 수상자들은 모두 사회 엘리트들이었다. 그런데 이번에는 25년을 일한 늙은 우체부가 그 상을 수상했다. 리포터가 그에게 25년 동안 어떻게 매일 편지를 배달했느냐고 물었다. 우체부는 웃으면서 한 편의 이야기를 들려주었다.

어떤 아이가 어머니와 함께 절에 갔다. 아이는 한 스님이 복숭아 씻는 것을 보고먹고 싶어서 군침을 흘리며 쳐다봤다. 스님이 그 모습을 보고 큰 복숭아를 골라주었다. 그때 아이 엄마는 스님을 말렸다. 아이에게 주면 스님 드실 게 하나 부족해지니 안 된다고 했다. 스님은 웃으며 말했다.

"내가 하나 적게 먹으면 기쁨을 누리는 사람이 한 명 더 늘어나지 않습니까. 저도 한 가지 기쁨이 더 생기는 거지요."

그 이후로 이 아이는 다른 사람을 즐겁게 하면 자신도 덩달아 즐거워진다는 스님의 말을 기억했다.

"그 아이가 바로 저입니다."

이 우체부의 이야기는 전국에 생방송으로 전해졌다. 우체부는 기쁨을 나누는 큰일을 전파하는 삶을 살고 있다는 것이다.

행복은 생활에서 흔히 경험하는 정서이다. 한 사람이 걸어온 길이 얼마나 험난하든 그의 일생에는 반드시 즐거운 경험도 숨어 있다. 기쁨을 정의하자면 '보는 사람이 모두 누리는 감정'이다. 그래서 전파될수록 기쁨은 더 커지게 된다.

니콜라스 크리스타키스 하버드대학 교수와 제임스 풀러 캘리포니아대학 교수는 함께 '기쁨 전염' 실험을 했다. 그들은 즐거운 감정이 가족·친구·이웃·룸메이트 등을 감염시킬 수 있다는 것을 발견했다. SNS에서 한 사람이 즐거우면 친구와 형제자매가 기쁨을 느낄 수 있는 가용성이 증가해 다같이 즐거움을 느낄 가능성이 높아진다는 것이다. 이처럼 즐거움은 사람 간 전파를 타고 최대 1년간 지속적으로 전파돼 3개의 사회 구성원에게 영향을 끼친다. 어떤 집단 중 한 명이 즐거움을 느낄 때 그의 기쁨이 '친구의 친구의 친구'에게 감염될 가능성은 5.6%까지 추정된다고 한다.

살면서 기쁨을 나눌 사람이 없다면 당신이 누리는 기쁨도 옅어진다. 기쁨이 모두의 것이 될 때 비로소 그 진가가 발휘될 수 있다. 모든 사람은 자신이 즐겁기를 바라지만 모든 사람이 항상 기쁨을 누리게 되는 것은 아니다. 그러므로 기쁨을 남에게 전하며 더불어 누리자. 이것이 세상에서 가장 완벽한 기쁨이다.

◆ 나를 바꾸는 하버드 인생 지혜

니콜라스 크리스타키스 하버드대학 교수는 "기쁨을 나누고 퍼뜨리는 것 자체가 행복이다."라고 말했다. 이해하고 용서하는 마음만 있다면 기쁨의 숲은 나눌수록 더욱 번성한다. 기쁨을 나누면 다른 사람은 기쁨을 얻는다. 자신으로 인해 다른 사람이 기뻐하는 모습을 보는 것처럼 흐뭇한 건 없다. 기쁨을 나눔으로 세상에 웃음을 전하는 위력자가 된다는 사실을 기억하자. 기쁨보다 더 감미로운 감정은 없다.

우리는 일 년 후면 다 잊어버릴 슬픔을 간직하느라고 무엇과도
바꿀 수 없는 소중한 시간을 버리고 있다.
소심하게 굴기에 인생은 너무나 짧다.

카네기

현대인은 무슨 일이든 그것을 재빨리 해치우지 않으면
시간을 손해본다고 생각한다. 그러나 그들은 시간과 함께 자신이 얻는 것은
무익하게 시간을 보내는 것 외에는 무엇을 해야 할지 모르는 것이다.

에리히 프롬